Sabor da China

Uma Odisseia Culinária na Terra do Dragão

Li Wei

Tabela de conteúdo

Frango ao molho de tomate 10
frango com tomate 11
Frango Escalfado com Tomate 12
Frango e Tomate com Molho de Feijão Preto 13
Frango Cozido Rápido com Legumes 14
Frango com nozes 15
Frango com Nozes 16
Frango com Castanhas D'água 17
Frango salgado com castanhas d'água 18
wontons de frango 20
Asas de Frango Crocantes 21
Asas de frango com cinco especiarias 22
Asas de Frango Marinadas 23
asas de frango de verdade 25
asas de frango picantes 27
Coxas de frango para churrasco 28
Coxas de Frango Hoisin 29
Frango Estufado 30
Frango frito crocante 31
Frango frito inteiro 33
Frango com cinco especiarias 34
Frango com Cebolinha e Gengibre 36
frango escalfado 37
Frango Cozido Vermelho 37
Frango picante cozido vermelho 38
Frango assado com gergelim 39
Frango ao Molho de Soja 40
frango cozido no vapor 41
Frango Cozido no Vapor com Anis 42
Frango com gosto estranho 43
Pedaços de frango crocante 44
Frango com Feijão Verde 45

Frango Cozido com Abacaxi 46
Frango com Pimentão e Tomate 47
Frango com gergelim 48
Pintinhos Fritos 49
peru com ervilhas 50
peru com pimentão 52
Peru assado chinês 54
Peru com Nozes e Cogumelos 55
Pato com Broto de Bambu 56
Pato com Broto de Feijão 57
pato assado 58
Pato cozido no vapor com aipo 59
pato com gengibre 60
Pato com Feijão Verde 61
Pato frito no vapor 62
Pato com Frutas Exóticas 63
Pato Assado com Folhas Chinesas 65
pato bêbado 66
Pato de cinco especiarias 67
Pato frito com gengibre 68
Pato com Presunto e Alho-poró 69
Pato assado com mel 70
Pato assado úmido 71
Pato salteado com cogumelos 72
Pato com Dois Cogumelos 74
Pato Estufado com Cebola 75
Pato com laranja 77
Pato Assado com Laranja 78
Pato com Peras e Castanhas 79
Pato de Pequim 80
Pato Assado com Abacaxi 82
Pato salteado com abacaxi 83
Pato de abacaxi e gengibre 84
Pato com Abacaxi e Lichias 85
Pato com Carne de Porco e Castanhas 86
Pato com Batata 87

Pato Vermelho Cozido 89
Pato Assado com Vinho de Arroz 90
Pato Cozido no Vapor com Vinho de Arroz 91
pato salgado 92
Pato salgado com feijão verde 93
Pato cozido lentamente 94
Pato salteado 96
Pato com Batata Doce 97
pato agridoce 99
pato mandarim 100
Pato com Legumes 101
Pato salteado com legumes 103
Pato Cozido Branco 104
Pato no Vinho 105
Pato cozido no vapor com vinho 106
faisão frito 107
Faisão com Amêndoas 108
Veado com Cogumelos Secos 109
ovos salgados 110
ovos de soja 111
ovos de chá 112
creme de ovos 113
ovos cozidos no vapor 114
presunto cozido no vapor 115
bacon com repolho 116
Frango Amêndoa 117
Frango com Amêndoas e Castanhas D'água 119
Frango com Amêndoas e Legumes 120
Frango com Anis 121
frango com damascos 123
Frango com aspargos 124
Frango com Berinjela 125
Frango Enrolado com Bacon 126
Frango com Broto de Feijão 127
Frango com Molho de Feijão Preto 128
Frango com brócolis 129

Frango com repolho e amendoim *130*
Frango com Castanha de Caju *131*
Frango com Castanhas *133*
Pimentão picante com frango *134*
Frango salteado com pimenta *135*
Costeleta de Frango Suey *137*
chow mein de frango *138*
Frango Frito Crocante com Especiarias *140*
Frango Frito com Pepino *141*
Caril de Pimentão e Frango *143*
Frango ao curry chinês *144*
Caril de frango rápido *145*
Frango ao curry com batatas *146*
Pés De Frango Frito *147*
Frango frito com molho de curry *148*
frango bêbado *149*
Frango salgado com ovos *150*
Rolinhos de ovo de galinha *152*
Frango Estufado com Ovos *154*
Frango do Extremo Oriente *156*
frango foo yung *157*
Presunto e Frango Foo Yung *158*
Frango Frito com Gengibre *159*
frango com gengibre *160*
Frango Gengibre com Cogumelos e Castanhas *161*
frango dourado *162*
Ensopado de Frango Dourado Marinado *163*
moedas de ouro *165*
Frango Cozido no Vapor com Presunto *166*
Frango com Molho Hoisin *167*
Frango com mel *168*
Frango Kung Pao *169*
Frango com Alho-poró *170*
Frango com limão *171*
Frango Frito com Limão *173*
Fígado de Frango com Broto de Bambu *174*

Fígados de frango frito 175
Fígados de Frango com Mangetout 176
Fígado de Frango com Panqueca de Macarrão 177
Fígados de Frango com Molho de Ostra 178
Fígado de Frango com Abacaxi 179
Fígados de frango agridoce 180
frango com lichia 181
Frango com Molho de Lichia 182
frango com ervilhas 183
frango com manga 184
Melão Recheado De Frango 185
Frango e cogumelos salteados 186
Frango com Cogumelos e Amendoim 187
Frango salteado com cogumelos 189
Frango cozido no vapor com cogumelos 190
Frango com cebola 191
Frango com Laranja e Limão 192
Frango com Molho de Ostra 193
pacotes de frango 194
Frango com Amendoim 195
Frango com Manteiga de Amendoim 196
frango com ervilhas 197
frango pequinês 198
frango com pimentão 199
Frango salteado com pimentão 201
frango e abacaxi 203
Frango com Abacaxi e Lichia 204
Frango com Porco 205
Frango Estufado com Batata 206
Frango com cinco especiarias e batatas 207
Frango Cozido Vermelho 208
Almôndegas de frango 209
Frango Salgado 210
Frango em óleo de gergelim 211
Frango com Xerez 212
Frango com molho de soja 213

Frango Assado Picante.. *214*

Frango ao molho de tomate

Para 4 pessoas

30 ml/2 colheres de sopa de óleo de amendoim (amendoim)
5 ml/1 colher de chá de sal
2 dentes de alho esmagados
450 g/1 libra de frango em cubos
300 ml/½ pt/1¼ xícara de caldo de galinha
120 ml/4 fl oz/½ xícara de molho de tomate (ketchup)
15 ml/1 colher de sopa de farinha de milho (amido de milho)
4 cebolinhas (cebolinhas), fatiadas

Aqueça o azeite com o sal e o alho até que o alho fique levemente dourado. Adicione o frango e refogue até dourar levemente. Adicione a maior parte do caldo, deixe ferver, tampe e cozinhe por cerca de 15 minutos até que o frango esteja macio. Misture o caldo restante ao ketchup e ao fubá e mexa na frigideira. Cozinhe em fogo baixo, mexendo, até o molho engrossar e clarear. Se o molho estiver muito líquido, deixe ferver um pouco até reduzir. Adicione a cebolinha e cozinhe por 2 minutos antes de servir.

frango com tomate

Para 4 pessoas

225g/8 onças de frango em cubos
15 ml/1 colher de sopa de farinha de milho (amido de milho)
15 ml/1 colher de sopa de molho de soja
15 ml/1 colher de sopa de vinho de arroz ou xerez seco
45 ml/3 colheres de sopa de óleo de amendoim
1 cebola picada
60 ml/4 colheres de sopa de caldo de galinha
5 ml/1 colher de chá de sal
5 ml/1 colher de chá de açúcar
2 tomates, descascados e cortados em cubos

Misture o frango com a farinha de milho, o molho de soja e o vinho ou xerez e deixe descansar por 30 minutos. Aqueça o óleo e frite o frango até ficar claro. Adicione a cebola e refogue até ficar macia. Adicione o caldo, o sal e o açúcar, deixe ferver e mexa delicadamente em fogo baixo até que o frango esteja cozido. Adicione os tomates e mexa até aquecer.

Frango Escalfado com Tomate

Para 4 pessoas

4 porções de frango
4 tomates, descascados e cortados em quartos
15 ml/1 colher de sopa de vinho de arroz ou xerez seco
15 ml/1 colher de sopa de óleo de amendoim
sal

Coloque o frango em uma frigideira e cubra com água fria. Deixe ferver, tampe e cozinhe por 20 minutos. Adicione os tomates, o vinho ou xerez, o azeite e o sal, tampe e cozinhe por mais 10 minutos até que o frango esteja cozido. Coloque o frango em uma travessa quente e corte em porções. Reaqueça o molho e regue com o frango para servir.

Frango e Tomate com Molho de Feijão Preto

Para 4 pessoas

45 ml/3 colheres de sopa de óleo de amendoim
1 dente de alho esmagado
45 ml/3 colheres de sopa de molho de feijão preto
225g/8 onças de frango em cubos
15 ml/1 colher de sopa de vinho de arroz ou xerez seco
5 ml/1 colher de chá de açúcar
15 ml/1 colher de sopa de molho de soja
90 ml/6 colheres de sopa de caldo de galinha
3 tomates, descascados e cortados em quartos
10 ml/2 colheres de chá de farinha de milho (amido de milho)
45 ml/3 colheres de sopa de água

Aqueça o azeite e frite o alho por 30 segundos. Adicione o molho de feijão preto e frite por 30 segundos, depois acrescente o frango e mexa até ficar bem revestido com óleo. Adicione o vinho ou xerez, o açúcar, o molho de soja e o caldo, deixe ferver, tampe e cozinhe por cerca de 5 minutos até que o frango esteja cozido. Misture a farinha de milho e a água até formar uma pasta, mexa na panela e cozinhe em fogo baixo, mexendo até o molho clarear e engrossar.

Frango Cozido Rápido com Legumes

Para 4 pessoas

1 clara de ovo
50 g/2 onças de farinha de milho (amido de milho)
225g de peito de frango cortado em tiras
75 ml/5 colheres de sopa de óleo de amendoim
200g/7oz de brotos de bambu, cortados em tiras
50g/2oz de broto de feijão
1 pimentão verde cortado em tiras
3 cebolinhas (cebolinha), fatiadas
1 fatia de raiz de gengibre picada
1 dente de alho picado
15 ml/1 colher de sopa de vinho de arroz ou xerez seco

Bata a clara de ovo e a farinha de milho e mergulhe as tiras de frango na mistura. Aqueça o óleo a uma temperatura moderada e frite o frango por alguns minutos até ficar cozido. Retire da panela e escorra bem. Adicione o broto de bambu, o broto de feijão, a pimenta, a cebola, o gengibre e o alho na frigideira e frite por 3 minutos. Adicione o vinho ou xerez e coloque o frango de volta na panela. Mexa bem e aqueça antes de servir.

Frango com nozes

Para 4 pessoas

45 ml/3 colheres de sopa de óleo de amendoim
2 cebolinhas (cebolinha), picadas
1 fatia de raiz de gengibre picada
450g/1lb de peito de frango, em fatias bem finas
50g/2oz de presunto ralado
30 ml/2 colheres de sopa de molho de soja
30 ml/2 colheres de sopa de vinho de arroz ou xerez seco
5 ml/1 colher de chá de açúcar
5 ml/1 colher de chá de sal
100 g/4 onças/1 xícara de nozes picadas

Aqueça o azeite e refogue a cebola e o gengibre por 1 minuto. Adicione o frango e o presunto e refogue por 5 minutos até quase ficar cozido. Adicione o molho de soja, o vinho ou xerez, o açúcar e o sal e refogue por 3 minutos. Adicione as nozes e refogue por 1 minuto até que os ingredientes estejam bem misturados.

Frango com Nozes

Para 4 pessoas

100 g/4 onças/1 xícara de nozes sem casca, cortadas ao meio
óleo para fritar
45 ml/3 colheres de sopa de óleo de amendoim
2 fatias de raiz de gengibre picada
225g/8 onças de frango em cubos
100g/4oz de brotos de bambu, fatiados
75 ml/5 colheres de sopa de caldo de galinha

Prepare as nozes, aqueça o azeite e frite as nozes até dourar e escorra bem. Aqueça o óleo de amendoim e frite o gengibre por 30 segundos. Adicione o frango e refogue até dourar levemente. Adicione os ingredientes restantes, deixe ferver e cozinhe, mexendo, até que o frango esteja cozido.

Frango com Castanhas D'água

Para 4 pessoas

45 ml/3 colheres de sopa de óleo de amendoim
2 dentes de alho esmagados
2 cebolinhas (cebolinha), picadas
1 fatia de raiz de gengibre picada
225g de peito de frango cortado em tiras
100g/4 onças de castanhas d'água, fatiadas
45 ml/3 colheres de sopa de molho de soja
15 ml/1 colher de sopa de vinho de arroz ou xerez seco
5 ml/1 colher de chá de farinha de milho (amido de milho)

Aqueça o azeite e frite o alho, a cebolinha e o gengibre até dourar levemente. Adicione o frango e refogue por 5 minutos. Adicione as castanhas-d'água e refogue por 3 minutos. Adicione o molho de soja, o vinho ou xerez e a farinha de milho e refogue por cerca de 5 minutos até que o frango esteja cozido.

Frango salgado com castanhas d'água

Para 4 pessoas

30 ml/2 colheres de sopa de óleo de amendoim (amendoim)
4 pedaços de frango
3 cebolinhas (cebolinha), picadas
2 dentes de alho esmagados
1 fatia de raiz de gengibre picada
250 ml/8 fl oz/1 xícara de molho de soja
30 ml/2 colheres de sopa de vinho de arroz ou xerez seco
30 ml/2 colheres de sopa de açúcar mascavo
5 ml/1 colher de chá de sal
375 ml/13 fl oz/1 ¼ xícara de água
225 g / 8 onças de castanhas-d'água, fatiadas
15 ml/1 colher de sopa de farinha de milho (amido de milho)

Aqueça o óleo e frite os pedaços de frango até dourar. Adicione a cebolinha, o alho e o gengibre e refogue por 2 minutos. Adicione o molho de soja, o vinho ou xerez, o açúcar e o sal e misture bem. Adicione água e deixe ferver, tampe e cozinhe por 20 minutos. Adicione as castanhas-d'água, tampe e cozinhe por mais 20 minutos. Misture a farinha de milho com um pouco de água, misture ao molho e cozinhe em fogo baixo, mexendo sempre, até o molho clarear e engrossar.

wontons de frango

Para 4 pessoas

4 cogumelos chineses secos
450g/1lb de peito de frango desfiado
225g/8 onças de vegetais mistos, picados
1 cebolinha (cebolinha) picada
15 ml/1 colher de sopa de molho de soja
2,5 ml/½ colher de chá de sal
40 skins de wonton
1 ovo batido

Mergulhe os cogumelos em água morna por 30 minutos e depois escorra. Descarte os talos e pique as tampas. Misture com o frango, os legumes, o molho de soja e o sal.

Para dobrar os wontons, segure a pele com a palma da mão esquerda e despeje um pouco de recheio no centro. Umedeça as bordas com ovo e dobre a casca em um triângulo, selando as bordas. Umedeça os cantos com ovo e vire.

Leve uma panela com água para ferver. Coloque os wontons e cozinhe por cerca de 10 minutos até que flutuem até o topo.

Asas de Frango Crocantes

Para 4 pessoas

900g/2lb de asas de frango
60 ml/4 colheres de sopa de vinho de arroz ou xerez seco
60 ml/4 colheres de sopa de molho de soja
50 g/2 onças/½ xícara de farinha de milho (amido de milho)
óleo de amendoim (amendoim) para fritar

Coloque as asas de frango em uma tigela. Misture os ingredientes restantes e regue com as asas de frango, mexendo bem para cobri-las com o molho. Cubra e deixe descansar por 30 minutos. Aqueça o azeite e frite o frango aos poucos até ficar cozido e dourado. Escorra bem em papel de cozinha e mantenha aquecido enquanto frita o resto do frango.

Asas de frango com cinco especiarias

Para 4 pessoas

30 ml/2 colheres de sopa de óleo de amendoim (amendoim)
2 dentes de alho esmagados
450 g/1 libra de asas de frango
250 ml/8 fl oz/1 xícara de caldo de galinha
30 ml/2 colheres de sopa de molho de soja
5 ml/1 colher de chá de açúcar
5 ml/1 colher de chá de cinco especiarias em pó

Aqueça o azeite e o alho até dourar levemente. Adicione o frango e frite até dourar levemente. Adicione os ingredientes restantes, mexendo bem e deixe ferver. Tampe e cozinhe por cerca de 15 minutos até que o frango esteja cozido. Retire a tampa e continue cozinhando, mexendo de vez em quando, até que quase todo o líquido tenha evaporado. Sirva quente ou frio.

Asas de Frango Marinadas

Para 4 pessoas

45 ml/3 colheres de sopa de molho de soja
45 ml/3 colheres de sopa de vinho de arroz ou xerez seco
30 ml/2 colheres de sopa de açúcar mascavo
5 ml/1 colher de chá de raiz de gengibre ralada
2 dentes de alho esmagados
6 cebolinhas (cebolinhas), fatiadas
450 g/1 libra de asas de frango
30 ml/2 colheres de sopa de óleo de amendoim (amendoim)
225g/8oz de brotos de bambu, fatiados
20 ml/4 colheres de chá de farinha de milho (amido de milho)
175 ml/6 fl oz/¾ xícara de caldo de galinha

Misture o molho de soja, o vinho ou xerez, o açúcar, o gengibre, o alho e a cebolinha. Adicione as asas de frango e misture bem. Cubra e deixe descansar por 1 hora, mexendo ocasionalmente. Aqueça o azeite e refogue os brotos de bambu por 2 minutos. Retire-os da panela. Escorra o frango e a cebola, reservando a marinada. Reaqueça o azeite e refogue o frango até dourar por todos os lados. Cubra e cozinhe por mais 20 minutos até que o frango esteja macio. Misture o amido de milho com o caldo e a marinada reservada. Despeje sobre o frango e leve para ferver, mexendo, até engrossar o molho. Adicione os brotos de bambu e cozinhe, mexendo, por mais 2 minutos.

asas de frango de verdade

Para 4 pessoas

12 asas de frango
250 ml/8 fl oz/1 xícara de óleo de amendoim
15 ml/1 colher de sopa de açúcar granulado
2 cebolinhas (cebolinha), cortadas em pedaços
5 fatias de raiz de gengibre
5 ml/1 colher de chá de sal
45 ml/3 colheres de sopa de molho de soja
250 ml/8 fl oz/1 xícara de vinho de arroz ou xerez seco
250 ml/8 fl oz/1 xícara de caldo de galinha
10 fatias de broto de bambu
15 ml/1 colher de sopa de farinha de milho (amido de milho)
15 ml/1 colher de sopa de água
2,5 ml/½ colher de chá de óleo de gergelim

Escalde as asas de frango em água fervente por 5 minutos e escorra bem. Aqueça o óleo, acrescente o açúcar e mexa até derreter e dourar. Adicione o frango, a cebolinha, o gengibre, o sal, o molho de soja, o vinho e o caldo, leve para ferver e cozinhe por 20 minutos. Adicione os brotos de bambu e cozinhe por 2 minutos ou até que o líquido tenha evaporado quase completamente. Misture a farinha de milho com a água, mexa na panela e mexa até engrossar. Transfira as asas de frango para um prato quente e sirva polvilhado com óleo de gergelim.

asas de frango picantes

Para 4 pessoas

30 ml/2 colheres de sopa de óleo de amendoim (amendoim)
5 ml/1 colher de chá de sal
2 dentes de alho esmagados
900g/2lb de asas de frango
30 ml/2 colheres de sopa de vinho de arroz ou xerez seco
30 ml/2 colheres de sopa de molho de soja
30 ml/2 colheres de sopa de purê de tomate (pasta)
15 ml/1 colher de sopa de molho inglês

Aqueça o azeite, o sal e o alho e frite até o alho ficar levemente dourado. Adicione as asas de frango e frite, mexendo sempre, por cerca de 10 minutos até dourar e quase cozido. Adicione os ingredientes restantes e refogue por cerca de 5 minutos até que o frango esteja crocante e cozido.

Coxas de frango para churrasco

Para 4 pessoas

16 coxas de frango
30 ml/2 colheres de sopa de vinho de arroz ou xerez seco
30 ml/2 colheres de sopa de vinagre de vinho
30 ml/2 colheres de sopa de azeite
sal e pimenta moída na hora
120 ml/4 fl oz/½ xícara de suco de laranja
30 ml/2 colheres de sopa de molho de soja
30 ml/2 colheres de sopa de mel
15 ml/1 colher de sopa de suco de limão
2 fatias de raiz de gengibre picada
120 ml/4 fl oz/½ xícara de molho picante

Misture todos os ingredientes, exceto o molho picante, tampe e deixe marinar na geladeira durante a noite. Retire o frango da marinada e grelhe ou grelhe (grelhe) por cerca de 25 minutos, virando e regando com o molho picante enquanto cozinha.

Coxas de Frango Hoisin

Para 4 pessoas

8 coxas de frango
600 ml/1 pt/2½ xícaras de caldo de galinha
sal e pimenta moída na hora
250 ml/8 fl oz/1 xícara de molho hoisin
30 ml/2 colheres de sopa de farinha simples (multiuso)
2 ovos batidos
100g/4oz/1 xícara de pão ralado
óleo para fritar

Coloque as coxinhas e o caldo em uma panela, deixe ferver, tampe e cozinhe por 20 minutos até ficar cozido. Retire o frango da frigideira e seque em papel de cozinha. Coloque o frango em uma tigela e tempere com sal e pimenta. Despeje sobre o molho hoisin e deixe marinar por 1 hora. Ralo. Misture o frango na farinha, depois cubra com os ovos e o pão ralado, depois o ovo e o pão ralado novamente. Aqueça o óleo e frite o frango por cerca de 5 minutos até dourar. Escorra em papel de cozinha e sirva quente ou frio.

Frango Estufado

Serve 4–6

75 ml/5 colheres de sopa de óleo de amendoim
1 frango
3 cebolinhas (cebolinha), fatiadas
3 fatias de raiz de gengibre
120 ml/4 fl oz/½ xícara de molho de soja
30 ml/2 colheres de sopa de vinho de arroz ou xerez seco
5 ml/1 colher de chá de açúcar

Aqueça o óleo e frite o frango até dourar. Adicione a cebolinha, o gengibre, o molho de soja e o vinho ou xerez e deixe ferver. Cubra e cozinhe por 30 minutos, virando ocasionalmente. Adicione o açúcar, tampe e cozinhe por mais 30 minutos até que o frango esteja cozido.

Frango frito crocante

Para 4 pessoas

1 frango

sal

30 ml/2 colheres de sopa de vinho de arroz ou xerez seco

3 cebolinhas (cebolinha), picadas

1 fatia de raiz de gengibre

30 ml/2 colheres de sopa de molho de soja

30 ml/2 colheres de sopa de açúcar

5 ml/1 colher de chá de cravo inteiro

5 ml/1 colher de chá de sal

5 ml/1 colher de chá de pimenta

150 ml/¼ pt/½ xícara generosa de caldo de galinha

óleo para fritar

1 alface ralada

4 tomates fatiados

½ pepino fatiado

Esfregue o frango com sal e deixe descansar por 3 horas. Enxágue e coloque em um recipiente. Adicione o vinho ou xerez, o gengibre, o molho de soja, o açúcar, o cravo, o sal, a pimenta e o caldo e regue bem. Coloque a tigela em uma panela a vapor, tampe e cozinhe no vapor por cerca de 2¼ horas até que o frango esteja cozido. Ralo. Aqueça o óleo até soltar fumaça, depois acrescente o frango e frite até dourar. Frite por mais 5 minutos, retire do óleo e escorra. Corte em pedaços e arrume em um prato quente. Decore com alface, tomate e pepino e sirva com um pouco de pimenta e sal.

Frango frito inteiro

5 porções

1 frango
10 ml/2 colheres de chá de sal
15 ml/1 colher de sopa de vinho de arroz ou xerez seco
2 cebolinhas (cebolinha), cortadas pela metade
3 fatias de raiz de gengibre, cortadas em tiras
óleo para fritar

Seque o frango e esfregue a pele com sal e vinho ou xerez. Coloque a cebolinha e o gengibre dentro da cavidade. Pendure o frango para secar em local fresco por cerca de 3 horas. Aqueça o azeite e coloque o frango num cesto para fritar. Mergulhe delicadamente no óleo e regue continuamente por dentro e por fora até que o frango fique levemente colorido. Retire do óleo e deixe esfriar um pouco enquanto reaquece o óleo. Frite novamente até dourar. Escorra bem e depois corte em pedaços.

Frango com cinco especiarias

Serve 4–6

1 frango

120 ml/4 fl oz/½ xícara de molho de soja

2,5 cm / 1 pedaço de raiz de gengibre picada

1 dente de alho esmagado

15 ml/1 colher de sopa de cinco especiarias em pó

30 ml/2 colheres de sopa de vinho de arroz ou xerez seco

30 ml/2 colheres de sopa de mel

2,5 ml/½ colher de chá de óleo de gergelim

óleo para fritar

30 ml/2 colheres de sopa de sal

5 ml/1 colher de chá de pimenta moída na hora

Coloque o frango em uma panela grande e encha com água até o meio da coxa. Reserve 15ml/1 colher de sopa de molho de soja e coloque o restante na panela com o gengibre, o alho e metade do pó de cinco especiarias. Deixe ferver, tampe e cozinhe por 5 minutos. Desligue o fogo e deixe o frango descansar na água até que a água fique morna. Ralo.

Corte o frango ao meio no sentido do comprimento e coloque o lado cortado voltado para baixo em uma assadeira. Misture o restante do molho de soja e o pó de cinco especiarias com o vinho ou xerez, o mel e o óleo de gergelim. Esfregue a mistura sobre o frango e deixe descansar por 2 horas, regando ocasionalmente com a mistura. Aqueça o óleo e frite as metades do frango por cerca de 15 minutos até dourar e ficar cozido. Escorra em papel de cozinha e corte em porções do tamanho de uma porção.

Enquanto isso, misture o sal e a pimenta e aqueça em uma frigideira seca por cerca de 2 minutos. Sirva como molho com o frango.

Frango com Cebolinha e Gengibre

Para 4 pessoas

1 frango
2 fatias de raiz de gengibre, cortadas em tiras
sal e pimenta moída na hora
90 ml/4 colheres de sopa de óleo de amendoim
8 cebolinhas (cebolinha), finamente picadas
10 ml/2 colheres de chá de vinagre de vinho branco
5 ml/1 colher de chá de molho de soja

Coloque o frango em uma panela grande, adicione metade do gengibre e despeje água suficiente para quase cobrir o frango. Tempere com sal e pimenta. Deixe ferver, tampe e cozinhe por cerca de 1¼ horas até ficar macio. Deixe o frango descansar no caldo até esfriar. Escorra o frango e leve à geladeira até esfriar. Corte em porções.

Rale o gengibre restante e misture com o azeite, a cebolinha, o vinagre de vinho e o molho de soja e o sal e a pimenta. Leve à geladeira por 1 hora. Coloque os pedaços de frango em uma tigela e regue com o molho de gengibre. Sirva com arroz cozido no vapor.

frango escalfado

Para 4 pessoas

1 frango
1,2 l/2 pontos/5 xícaras de caldo de galinha ou água
30 ml/2 colheres de sopa de vinho de arroz ou xerez seco
4 cebolinhas (cebolinha), picadas
1 fatia de raiz de gengibre
5 ml/1 colher de chá de sal

Coloque o frango em uma panela grande com todos os ingredientes restantes. O caldo ou água deve chegar até o meio da coxa. Deixe ferver, tampe e cozinhe por cerca de 1 hora até que o frango esteja cozido. Escorra, reservando o caldo para sopas.

Frango Cozido Vermelho

Para 4 pessoas

1 frango

250 ml/8 fl oz/1 xícara de molho de soja

Coloque o frango numa panela, regue com o molho de soja e complete com água quase até cobrir o frango. Deixe ferver, tampe e cozinhe por cerca de 1 hora até que o frango esteja cozido, virando ocasionalmente.

Frango picante cozido vermelho

Para 4 pessoas

2 fatias de raiz de gengibre

2 cebolinhas (cebolinha)

1 frango

3 dentes de anis estrelado

½ pau de canela

15 ml/1 colher de sopa de pimenta Szechuan

75 ml/5 colheres de sopa de molho de soja

75 ml/5 colheres de sopa de vinho de arroz ou xerez seco

75 ml/5 colheres de sopa de óleo de gergelim

15 ml/1 colher de sopa de açúcar

Coloque o gengibre e a cebolinha dentro da cavidade do frango e coloque o frango em uma frigideira. Amarre o anis estrelado, a canela e a pimenta em um pano de musselina e coloque na frigideira. Regue com o molho de soja, o vinho ou xerez e o óleo de gergelim. Deixe ferver, tampe e cozinhe por cerca de 45 minutos. Adicione o açúcar, tampe e cozinhe por mais 10 minutos até que o frango esteja cozido.

Frango assado com gergelim

Para 4 pessoas

50g/2oz de sementes de gergelim

1 cebola picada

2 dentes de alho picados

10 ml/2 colheres de chá de sal

1 pimenta vermelha seca, esmagada

pitada de cravo moído

2,5 ml/½ colher de chá de cardamomo moído

2,5 ml/½ colher de chá de gengibre em pó

75 ml/5 colheres de sopa de óleo de amendoim

1 frango

Misture todos os temperos e azeite e pincele o frango. Coloque em uma assadeira e adicione 30 ml/2 colheres de sopa de água ao prato. Asse em forno pré-aquecido a 180°C/350°F/gás marca 4 por cerca de 2 horas, regando e virando o frango de vez em quando, até dourar e ficar cozido. Adicione um pouco mais de água, se necessário, para evitar queimaduras.

Frango ao Molho de Soja

Serve 4–6

300 ml/½ pt/1¼ xícara de molho de soja

300 ml/½ pt/1¼ xícara de vinho de arroz ou xerez seco

1 cebola picada

3 fatias de raiz de gengibre picada
50 g/2 onças/¼ xícara de açúcar
1 frango
15 ml/1 colher de sopa de farinha de milho (amido de milho)
60 ml/4 colheres de sopa de água
1 pepino, descascado e fatiado
30 ml/2 colheres de sopa de salsa fresca picada

Misture o molho de soja, o vinho ou xerez, a cebola, o gengibre e o açúcar em uma panela e leve para ferver. Adicione o frango, volte a ferver, tampe e cozinhe por 1 hora, virando o frango de vez em quando, até ficar cozido. Transfira o frango para um prato quente e corte. Despeje tudo, exceto 250 ml/8 fl oz/1 xícara do líquido de cozimento e volte a ferver. Misture a farinha de milho e a água até formar uma pasta, mexa na panela e cozinhe em fogo baixo, mexendo até o molho clarear e engrossar. Espalhe um pouco do molho sobre o frango e decore-o com pepino e salsa. Sirva o molho restante separadamente.

frango cozido no vapor

Para 4 pessoas
1 frango
45 ml/3 colheres de sopa de vinho de arroz ou xerez seco
sal

2 fatias de raiz de gengibre
2 cebolinhas (cebolinha)
250 ml/8 fl oz/1 xícara de caldo de galinha

Coloque o frango em um recipiente próprio para ir ao forno e esfregue com vinho ou xerez e sal e coloque o gengibre e a cebolinha dentro da cavidade. Coloque a tigela em uma gradinha em uma panela a vapor, tampe e cozinhe em água fervente por cerca de 1 hora até ficar cozida. Sirva quente ou frio.

Frango Cozido no Vapor com Anis

Para 4 pessoas

250 ml/8 fl oz/1 xícara de molho de soja
250 ml/8 fl oz/1 xícara de água
15 ml/1 colher de sopa de açúcar mascavo
4 dentes de anis estrelado
1 frango

Misture o molho de soja, a água, o açúcar e a erva-doce em uma panela e leve para ferver em fogo baixo. Coloque o frango em uma tigela e polvilhe bem a mistura por dentro e por fora. Reaqueça a mistura e repita. Coloque o frango em um recipiente próprio para ir ao forno. Coloque a tigela em uma gradinha em uma panela a vapor, tampe e cozinhe em água fervente por cerca de 1 hora até ficar cozida.

Frango com gosto estranho

Para 4 pessoas

1 frango
5 ml/1 colher de chá de raiz de gengibre picada
5 ml/1 colher de chá de alho picado
45 ml/3 colheres de sopa de molho de soja espesso
5 ml/1 colher de chá de açúcar

2,5 ml/½ colher de chá de vinagre de vinho

10 ml/2 colheres de chá de molho de gergelim

5 ml/1 colher de chá de pimenta moída na hora

10 ml/2 colheres de chá de óleo de pimenta

½ alface ralada

15 ml/1 colher de sopa de coentro fresco picado

Coloque o frango em uma panela e encha com água até a metade das coxas do frango. Deixe ferver, tampe e cozinhe por cerca de 1 hora até que o frango esteja macio. Retire da panela e escorra bem e deixe de molho em água gelada até que a carne esfrie completamente. Escorra bem e corte em pedaços de 5cm/2. Misture todos os ingredientes restantes e despeje sobre o frango. Sirva decorado com alface e coentro.

Pedaços de frango crocante

Para 4 pessoas

100g/4 onças de farinha simples (para todos os fins)

pitada de sal

15 ml/1 colher de sopa de água

1 ovo

350g/12 onças de frango cozido, em cubos

óleo para fritar

Misture a farinha, o sal, a água e o ovo até obter uma massa bem grossa, acrescentando um pouco mais de água se necessário. Mergulhe os pedaços de frango na massa até ficarem bem revestidos. Aqueça o óleo até ficar bem quente e frite o frango por alguns minutos até ficar crocante e dourado.

Frango com Feijão Verde

Para 4 pessoas

45 ml/3 colheres de sopa de óleo de amendoim

450g/1lb de frango cozido, desfiado

5 ml/1 colher de chá de sal

2,5 ml/½ colher de chá de pimenta moída na hora

225g/8oz de feijão verde, cortado em pedaços

1 talo de aipo, cortado na diagonal

225g/8oz de cogumelos, fatiados

250 ml/8 fl oz/1 xícara de caldo de galinha

30 ml/2 colheres de sopa de farinha de milho (amido de milho)
60 ml/4 colheres de sopa de água
10 ml/2 colheres de chá de molho de soja

Aqueça o azeite e frite o frango, tempere com sal e pimenta até dourar levemente. Adicione o feijão, o aipo e os cogumelos e misture bem. Adicione o caldo, deixe ferver, tampe e cozinhe por 15 minutos. Misture a farinha de milho, a água e o molho de soja até formar uma pasta, mexa na panela e cozinhe em fogo baixo, mexendo até o molho clarear e engrossar.

Frango Cozido com Abacaxi

Para 4 pessoas
45 ml/3 colheres de sopa de óleo de amendoim
225g/8oz de frango cozido, cortado em cubos
sal e pimenta moída na hora
2 talos de aipo, cortados na diagonal
3 fatias de abacaxi cortadas em pedaços
120 ml/4 fl oz/½ xícara de caldo de galinha
15 ml/1 colher de sopa de molho de soja
10 ml/2 colheres de sopa de farinha de milho (amido de milho)
30 ml/2 colheres de sopa de água

Aqueça o óleo e frite o frango até dourar levemente. Tempere com sal e pimenta, acrescente o aipo e refogue por 2 minutos. Adicione o abacaxi, o caldo e o molho de soja e mexa por alguns minutos até aquecer bem. Misture a farinha de milho e a água até formar uma pasta, mexa na panela e cozinhe em fogo baixo, mexendo até o molho clarear e engrossar.

Frango com Pimentão e Tomate

Para 4 pessoas

45 ml/3 colheres de sopa de óleo de amendoim
450g/1lb de frango cozido, fatiado
10 ml/2 colheres de chá de sal
5 ml/1 colher de chá de pimenta moída na hora
1 pimentão verde cortado em pedaços
4 tomates grandes, descascados e cortados em rodelas
250 ml/8 fl oz/1 xícara de caldo de galinha
30 ml/2 colheres de sopa de farinha de milho (amido de milho)
15 ml/1 colher de sopa de molho de soja
120 ml/4 fl oz/½ xícara de água

Aqueça o azeite e frite o frango, sal e pimenta até dourar. Adicione os pimentões e os tomates. Despeje o caldo, deixe ferver, tampe e cozinhe por 15 minutos. Misture a farinha de milho, o molho de soja e a água até formar uma pasta, mexa na panela e cozinhe em fogo baixo, mexendo, até o molho clarear e engrossar.

Frango com gergelim

Para 4 pessoas

450 g/1 lb de frango cozido, cortado em tiras
2 fatias de gengibre finamente picado
1 cebolinha (cebolinha) picada finamente
sal e pimenta moída na hora
60 ml/4 colheres de sopa de vinho de arroz ou xerez seco
60 ml/4 colheres de sopa de óleo de gergelim
10 ml/2 colheres de chá de açúcar
5 ml/1 colher de chá de vinagre de vinho
150 ml/¼ pt/½ xícara generosa de molho de soja

Coloque o frango em um prato de servir e polvilhe com gengibre, cebolinha, sal e pimenta. Misture vinho ou xerez, óleo de gergelim, açúcar, vinagre de vinho e molho de soja. Despeje sobre o frango.

Pintinhos Fritos

Para 4 pessoas

2 filhotes, divididos pela metade
45 ml/3 colheres de sopa de molho de soja
45 ml/3 colheres de sopa de vinho de arroz ou xerez seco
120 ml/4 fl oz/½ xícara de óleo de amendoim
1 cebolinha (cebolinha) picada finamente
30 ml/2 colheres de sopa de caldo de galinha
10 ml/2 colheres de chá de açúcar
5 ml/1 colher de chá de óleo de pimenta
5 ml/1 colher de chá de pasta de alho
sal e pimenta

Coloque os poussins em uma tigela. Misture o molho de soja e o vinho ou xerez, regue com os poussins, tape e deixe marinar durante 2 horas, regando frequentemente. Aqueça o óleo e frite os poussins por cerca de 20 minutos até ficarem cozidos. Retire da panela e reaqueça o óleo. Devolva-os à frigideira e frite até dourar. Drene a maior parte do óleo. Misture os ingredientes restantes, coloque na panela e aqueça rapidamente. Despeje sobre os poussins antes de servir.

peru com ervilhas

Para 4 pessoas

60 ml/4 colheres de sopa de óleo de amendoim

2 cebolinhas (cebolinha), picadas

2 dentes de alho esmagados

1 fatia de raiz de gengibre picada

225g de peito de peru cortado em tiras

225 g/8 onças de ervilhas

100g/4oz de brotos de bambu, cortados em tiras

50g/2oz de castanhas d'água, cortadas em tiras

45 ml/3 colheres de sopa de molho de soja

15 ml/1 colher de sopa de vinho de arroz ou xerez seco

5 ml/1 colher de chá de açúcar

5 ml/1 colher de chá de sal

15 ml/1 colher de sopa de farinha de milho (amido de milho)

Aqueça 45ml/3 colheres de sopa de óleo e refogue a cebolinha, o alho e o gengibre até dourar levemente. Adicione o peru e refogue por 5 minutos. Retire da panela e reserve. Aqueça o óleo restante e frite as ervilhas, os brotos de bambu e as castanhas-d'água por 3 minutos. Adicione o molho de soja, o vinho ou xerez, o açúcar e o sal e coloque o peru de volta na panela. Refogue por 1 minuto. Misture a farinha de milho com um pouco de água, mexa na panela e leve ao fogo baixo, mexendo, até o molho clarear e engrossar.

peru com pimentão

Para 4 pessoas

4 cogumelos chineses secos
30 ml/2 colheres de sopa de óleo de amendoim (amendoim)
1 bok choy cortado em tiras
350g/12oz de peru defumado, cortado em tiras
1 cebola fatiada
1 pimentão vermelho cortado em tiras
1 pimentão verde cortado em tiras
120 ml/4 fl oz/½ xícara de caldo de galinha
30 ml/2 colheres de sopa de purê de tomate (pasta)
45 ml/3 colheres de sopa de vinagre de vinho
30 ml/2 colheres de sopa de molho de soja
15 ml/1 colher de sopa de molho hoisin
10 ml/2 colheres de chá de farinha de milho (amido de milho)

algumas gotas de óleo de pimenta

Mergulhe os cogumelos em água morna por 30 minutos e depois escorra. Descarte os talos e corte as tampas em tiras. Aqueça metade do azeite e refogue o repolho por cerca de 5 minutos ou até ficar cozido. Retire da panela. Adicione o peru e refogue por 1 minuto. Adicione os legumes e refogue por 3 minutos. Misture o caldo com o purê de tomate, o vinagre de vinho e os molhos e coloque na panela com o repolho. Misture a farinha de milho com um pouco de água, mexa na panela e leve para ferver, mexendo. Regue com óleo de pimenta e cozinhe por 2 minutos, mexendo continuamente.

Peru assado chinês

Serve 8–10 porções

1 peru pequeno
600 ml/1 pt/2½ xícaras de água quente
10 ml/2 colheres de chá de pimenta da Jamaica
500 ml/16 fl oz/2 xícaras de molho de soja
5 ml/1 colher de chá de óleo de gergelim
10 ml/2 colheres de chá de sal
45 ml/3 colheres de sopa de manteiga

Coloque o peru em uma panela e regue com água quente. Adicione os ingredientes restantes, exceto a manteiga, e deixe descansar por 1 hora, virando várias vezes. Retire o peru do líquido e pincele com manteiga. Coloque em uma assadeira, cubra frouxamente com papel de cozinha e leve ao forno pré-aquecido a 160°C/325°F/gás marca 3 por cerca de 4 horas, regando ocasionalmente com o molho de soja líquido. Retire o papel alumínio e deixe a pele dourar durante os últimos 30 minutos de cozimento.

Peru com Nozes e Cogumelos

Para 4 pessoas

450 g/1 lb de filé de peito de peru

sal e pimenta

suco de 1 laranja

15 ml/1 colher de sopa de farinha simples (multiuso)

12 nozes pretas em conserva com suco

5 ml/1 colher de chá de farinha de milho (amido de milho)

15 ml/1 colher de sopa de óleo de amendoim

2 cebolinhas (cebolinha), picadas

225g/8 onças de cogumelos

45 ml/3 colheres de sopa de vinho de arroz ou xerez seco

10 ml/2 colheres de chá de molho de soja

50g/2oz/½ xícara de manteiga

25 g/1 onça de pinhões

Corte o peru em rodelas de 1cm/½ de espessura. Polvilhe com sal, pimenta e sumo de laranja e polvilhe com farinha. Escorra e corte as nozes ao meio, reservando o líquido, e misture o líquido com o amido de milho. Aqueça o azeite e refogue o peru até dourar. Adicione a cebolinha e os cogumelos e refogue por 2 minutos. Adicione o vinho ou xerez e o molho de soja e cozinhe por 30 segundos. Adicione as nozes à mistura de farinha de milho, coloque-as na panela e leve para ferver. Adicione a manteiga em pequenos flocos mas não deixe ferver. Torre os pinhões em uma frigideira seca até dourar. Transfira a mistura de peru para um prato quente e sirva decorado com pinhões.

Pato com Broto de Bambu

Para 4 pessoas
6 cogumelos chineses secos
1 pato
50g/2oz de presunto defumado, cortado em tiras
100g/4oz de brotos de bambu, cortados em tiras
2 cebolinhas (cebolinhas), cortadas em tiras
2 fatias de raiz de gengibre, cortadas em tiras

5 ml/1 colher de chá de sal

Mergulhe os cogumelos em água morna por 30 minutos e depois escorra. Descarte os talos e corte as tampas em tiras. Coloque todos os ingredientes em uma tigela refratária e coloque em uma panela cheia de água até encher dois terços da altura da tigela. Deixe ferver, tampe e cozinhe por cerca de 2 horas até que o pato esteja cozido, completando com água fervente se necessário.

Pato com Broto de Feijão

Para 4 pessoas

225g/8 onças de broto de feijão
45 ml/3 colheres de sopa de óleo de amendoim
450 g/1 lb de carne de pato cozida
15 ml/1 colher de sopa de molho de ostra
15 ml/1 colher de sopa de vinho de arroz ou xerez seco
30 ml/2 colheres de sopa de água
2,5 ml/½ colher de chá de sal

Escalde os brotos de feijão em água fervente por 2 minutos e depois escorra. Aqueça o azeite, refogue os brotos de feijão por 30 segundos. Adicione o pato e refogue até aquecer. Adicione os ingredientes restantes e refogue por 2 minutos para misturar os sabores. Sirva imediatamente.

pato assado

Para 4 pessoas

4 cebolinhas (cebolinha), picadas
1 fatia de raiz de gengibre picada
120 ml/4 fl oz/½ xícara de molho de soja
30 ml/2 colheres de sopa de vinho de arroz ou xerez seco
1 pato
120 ml/4 fl oz/½ xícara de óleo de amendoim
600 ml/1 pt/2½ xícaras de água
15 ml/1 colher de sopa de açúcar mascavo

Misture a cebolinha, o gengibre, o molho de soja e o vinho ou xerez e esfregue no pato por dentro e por fora. Aqueça o azeite e frite o pato até dourar levemente por todos os lados. Escorra o óleo. Adicione a água e a mistura restante do molho de soja, deixe ferver, tampe e cozinhe por 1 hora. Adicione o açúcar, tampe e cozinhe por mais 40 minutos até o pato ficar macio.

Pato cozido no vapor com aipo

Para 4 pessoas

350g/12oz de pato cozido, fatiado
1 cabeça de aipo
250 ml/8 fl oz/1 xícara de caldo de galinha
2,5 ml/½ colher de chá de sal
5 ml/1 colher de chá de óleo de gergelim
1 tomate cortado em rodelas

Disponha o pato em uma grelha para cozimento a vapor. Corte o aipo em pedaços de 7,5 cm e coloque numa frigideira. Despeje o caldo, tempere com sal e coloque o vaporizador sobre a panela. Leve o caldo para ferver e cozinhe por cerca de 15 minutos até que o aipo esteja macio e o pato bem aquecido. Coloque o pato e o aipo num prato quente, polvilhe o aipo com óleo de gergelim e sirva decorado com rodelas de tomate.

pato com gengibre

Para 4 pessoas

350g/12oz de peito de pato em fatias finas
1 ovo levemente batido
5 ml/1 colher de chá de molho de soja
5 ml/1 colher de chá de farinha de milho (amido de milho)
5 ml/1 colher de chá de óleo de amendoim
óleo para fritar
50g/2oz de brotos de bambu
50 g/2 onças de ervilhas
2 fatias de raiz de gengibre picada
15 ml/1 colher de sopa de água
2,5 ml/½ colher de chá de açúcar
2,5 ml/½ colher de chá de vinho de arroz ou xerez seco
2,5 ml/½ colher de chá de óleo de gergelim

Misture o pato com o ovo, o molho de soja, o amido de milho e o azeite e deixe descansar por 10 minutos. Aqueça o óleo e frite o pato e os brotos de bambu até ficarem cozidos e dourados. Retire da panela e escorra bem. Despeje tudo da panela, exceto 15ml / 1 colher de sopa de óleo e refogue o pato, os brotos de bambu, as ervilhas, o gengibre, a água, o açúcar e o vinho ou xerez por 2 minutos. Sirva polvilhado com óleo de gergelim.

Pato com Feijão Verde

Para 4 pessoas

1 pato
60 ml/4 colheres de sopa de óleo de amendoim
2 dentes de alho esmagados
2,5 ml/½ colher de chá de sal
1 cebola picada
15 ml/1 colher de sopa de raiz de gengibre ralado
45 ml/3 colheres de sopa de molho de soja
120 ml/4 fl oz/½ xícara de vinho de arroz ou xerez seco
60 ml/4 colheres de sopa de molho de tomate (ketchup)
45 ml/3 colheres de sopa de vinagre de vinho
300 ml/½ pt/1¼ xícara de caldo de galinha
450g/1lb de feijão verde, fatiado
pitada de pimenta moída na hora

5 gotas de óleo de pimenta
15 ml/1 colher de sopa de farinha de milho (amido de milho)
30 ml/2 colheres de sopa de água

Corte o pato em 8 ou 10 pedaços. Aqueça o azeite e frite o pato até dourar. Transfira para uma tigela. Adicione o alho, o sal, a cebola, o gengibre, o molho de soja, o vinho ou xerez, o molho de tomate e o vinagre de vinho. Misture, tampe e deixe marinar na geladeira por 3 horas.

Reaqueça o azeite, acrescente o pato, o caldo e a marinada, deixe ferver, tampe e cozinhe por 1 hora. Adicione o feijão, tampe e cozinhe por 15 minutos. Adicione pimenta e óleo de pimenta. Misture a farinha de milho com a água, mexa na panela e leve ao fogo baixo, mexendo, até o molho engrossar.

Pato frito no vapor

Para 4 pessoas

1 pato
sal e pimenta moída na hora
óleo para fritar
molho hoisin

Tempere o pato com sal e pimenta e coloque numa tigela refratária. Coloque em uma panela com água até atingir dois terços da altura do recipiente, leve para ferver, tampe e cozinhe por cerca de 1 hora e meia até que o pato esteja macio. Escorra e deixe esfriar.

Aqueça o azeite e frite o pato até ficar crocante e dourado. Retire e escorra bem. Pique em pedaços pequenos e sirva com molho hoisin.

Pato com Frutas Exóticas

Para 4 pessoas

4 filés de peito de pato cortados em tiras
2,5 ml/½ colher de chá de cinco especiarias em pó
30 ml/2 colheres de sopa de molho de soja
15 ml/1 colher de sopa de óleo de gergelim
15 ml/1 colher de sopa de óleo de amendoim
3 talos de aipo em cubos
2 fatias de abacaxi em cubos
100g/4oz de melão em cubos
100g/4 onças de lichias, divididas pela metade
130 ml/4 fl oz/½ xícara de caldo de galinha
30 ml/2 colheres de sopa de purê de tomate (pasta)
30 ml/2 colheres de sopa de molho hoisin
10 ml/2 colheres de chá de vinagre de vinho
pitada de açúcar mascavo

Coloque o pato em uma tigela. Misture o pó de cinco especiarias, o molho de soja e o óleo de gergelim, regue com o pato e deixe marinar por 2 horas, mexendo de vez em quando. Aqueça o azeite e refogue o pato por 8 minutos. Retire da panela. Adicione o aipo e as frutas e refogue por 5 minutos. Volte o pato para a panela com os ingredientes restantes, deixe ferver e cozinhe, mexendo, por 2 minutos antes de servir.

Pato Assado com Folhas Chinesas

Para 4 pessoas

1 pato

30 ml/2 colheres de sopa de vinho de arroz ou xerez seco

30 ml/2 colheres de sopa de molho hoisin

15 ml/1 colher de sopa de farinha de milho (amido de milho)

5 ml/1 colher de chá de sal

5 ml/1 colher de chá de açúcar

60 ml/4 colheres de sopa de óleo de amendoim

4 cebolinhas (cebolinha), picadas

2 dentes de alho esmagados

1 fatia de raiz de gengibre picada

75 ml/5 colheres de sopa de molho de soja

600 ml/1 pt/2½ xícaras de água

225g/8oz de folhas chinesas esmagadas

Corte o pato em cerca de 6 pedaços. Misture o vinho ou xerez, o molho hoisin, o fubá, o sal e o açúcar e esfregue no pato. Deixe descansar por 1 hora. Aqueça o azeite e refogue a cebolinha, o alho e o gengibre por alguns segundos. Adicione o pato e frite até dourar levemente por todos os lados. Escorra o excesso de gordura. Despeje o molho de soja e a água, deixe ferver, tampe e cozinhe por cerca de 30 minutos. Adicione as folhas de porcelana, tampe novamente e cozinhe por mais 30 minutos até o pato ficar macio.

pato bêbado

Para 4 pessoas

2 cebolinhas (cebolinha), picadas
2 dentes de alho picados
1,5 l/2½ pontos/6 xícaras de água
1 pato
450 ml/¾ pt/2 xícaras de vinho de arroz ou xerez seco

Coloque a cebolinha, o alho e a água em uma panela grande e leve para ferver. Adicione o pato, volte a ferver, tampe e cozinhe por 45 minutos. Escorra bem, reservando o líquido para o caldo. Deixe o pato esfriar e leve à geladeira durante a noite. Corte o pato em pedaços e coloque-os em uma jarra grande com tampa de rosca. Despeje sobre o vinho ou xerez e leve à geladeira por cerca de 1 semana antes de escorrer e servir gelado.

Pato de cinco especiarias

Para 4 pessoas

150 ml/¼ pt/½ xícara generosa de vinho de arroz ou xerez seco
150 ml/¼ pt/½ xícara generosa de molho de soja
1 pato
10 ml/2 colheres de chá de cinco especiarias em pó

Leve o vinho ou xerez e o molho de soja para ferver. Adicione o pato e cozinhe, virando por cerca de 5 minutos. Retire o pato da frigideira e esfregue o pó de cinco especiarias na pele. Retorne o pássaro para a panela e adicione água suficiente para cobrir metade do pato. Deixe ferver, tampe e cozinhe por cerca de 1 hora e meia até que o pato esteja macio, virando e regando com frequência. Corte o pato em pedaços de 5cm/2 e sirva quente ou frio.

Pato frito com gengibre

Para 4 pessoas

1 pato
2 fatias de raiz de gengibre ralada
2 cebolinhas (cebolinha), picadas
15 ml/1 colher de sopa de farinha de milho (amido de milho)
30 ml/2 colheres de sopa de molho de soja
30 ml/2 colheres de sopa de vinho de arroz ou xerez seco
2,5 ml/½ colher de chá de sal
45 ml/3 colheres de sopa de óleo de amendoim

Retire a carne dos ossos e corte em pedaços. Misture a carne com todos os ingredientes restantes, exceto o azeite. Deixe descansar por 1 hora. Aqueça o azeite e frite o pato com a marinada por cerca de 15 minutos até que fique macio.

Pato com Presunto e Alho-poró

Para 4 pessoas

1 pato
450 g/1 libra de presunto defumado
2 alho-poró
2 fatias de raiz de gengibre picada
45 ml/3 colheres de sopa de vinho de arroz ou xerez seco
45 ml/3 colheres de sopa de molho de soja
2,5 ml/½ colher de chá de sal

Coloque o pato numa panela e cubra com água fria. Deixe ferver, tampe e cozinhe por cerca de 20 minutos. Escorra e reserve 450 ml/¾ pts/2 xícaras de caldo. Deixe o pato esfriar um pouco, depois retire a carne dos ossos e corte em quadrados de 5cm/2. Corte o presunto em pedaços semelhantes. Corte pedaços compridos de alho-poró e enrole uma fatia de pato e presunto dentro da folha e amarre com linha. Coloque em um recipiente resistente ao calor. Adicione o gengibre, o vinho ou o xerez, o molho de soja e o sal ao caldo reservado e regue com os rolinhos de pato. Coloque a tigela em uma panela cheia de água até dois terços das laterais da tigela. Deixe ferver, tampe e cozinhe por cerca de 1 hora até que o pato esteja macio.

Pato assado com mel

Para 4 pessoas

1 pato

sal

3 dentes de alho esmagados

3 cebolinhas (cebolinha), picadas

45 ml/3 colheres de sopa de molho de soja

45 ml/3 colheres de sopa de vinho de arroz ou xerez seco

45 ml/3 colheres de sopa de mel

200 ml / 7 fl oz / escassa 1 xícara de água fervente

Seque o pato e esfregue com sal por dentro e por fora. Misture o alho, a cebolinha, o molho de soja e o vinho ou xerez e divida a mistura ao meio. Misture o mel ao meio e esfregue no pato e deixe secar. Adicione água à mistura de mel restante. Despeje a mistura de molho de soja na cavidade do pato e coloque sobre uma gradinha em uma assadeira com um pouco de água no fundo. Asse em forno pré-aquecido a 180°C/350°F/gás marca 4 por cerca de 2 horas até que o pato esteja macio, regando-o com o restante da mistura de mel durante o cozimento.

Pato assado úmido

Para 4 pessoas

6 cebolinhas (cebolinha), picadas
2 fatias de raiz de gengibre picada
1 pato
2,5 ml/½ colher de chá de anis moído
15 ml/1 colher de sopa de açúcar
45 ml/3 colheres de sopa de vinho de arroz ou xerez seco
60 ml/4 colheres de sopa de molho de soja
250 ml/8 fl oz/1 xícara de água

Coloque metade da cebolinha e do gengibre em uma frigideira grande e grossa. Coloque o restante na cavidade do pato e coloque na frigideira. Adicione todos os ingredientes restantes, exceto o molho hoisin, deixe ferver, tampe e cozinhe por cerca de 1 hora e meia, virando ocasionalmente. Retire o pato da frigideira e deixe secar cerca de 4 horas.

Coloque o pato sobre uma gradinha em uma assadeira com um pouco de água fria. Asse em forno pré-aquecido a 230°C/450°F/gás marca 8 por 15 minutos, depois vire e asse por mais 10 minutos até ficar crocante. Enquanto isso, aqueça o líquido reservado e regue com o pato para servir.

Pato salteado com cogumelos

Para 4 pessoas

1 pato
75 ml/5 colheres de sopa de óleo de amendoim
45 ml/3 colheres de sopa de vinho de arroz ou xerez seco
15 ml/1 colher de sopa de molho de soja
15 ml/1 colher de sopa de açúcar
5 ml/1 colher de chá de sal
pitada de pimenta
2 dentes de alho esmagados
225g/8oz de cogumelos, divididos pela metade
600 ml/1 pt/2½ xícaras de caldo de galinha
15 ml/1 colher de sopa de farinha de milho (amido de milho)
30 ml/2 colheres de sopa de água
5 ml/1 colher de chá de óleo de gergelim

Corte o pato em pedaços de 5cm/2. Aqueça 45ml/3 colheres de sopa de óleo e frite o pato até dourar levemente por todos os lados. Adicione o vinho ou xerez, o molho de soja, o açúcar, o sal e a pimenta e refogue por 4 minutos. Retire da panela. Aqueça o azeite restante e frite o alho até dourar levemente. Adicione os cogumelos e mexa até ficarem cobertos de óleo, depois coloque a mistura de pato de volta na panela e adicione o caldo. Deixe ferver, tampe e cozinhe por cerca de 1 hora até que o pato esteja macio. Misture a farinha de milho e a água até formar uma pasta, depois misture à mistura e cozinhe em fogo baixo, mexendo até o molho engrossar. Polvilhe com óleo de gergelim e sirva.

Pato com Dois Cogumelos

Para 4 pessoas

6 cogumelos chineses secos

1 pato

750 ml/1 ¼ pts/3 xícaras de caldo de galinha

45 ml/3 colheres de sopa de vinho de arroz ou xerez seco

5 ml/1 colher de chá de sal

100g/4oz de brotos de bambu, cortados em tiras

100g/4 onças de cogumelos

Mergulhe os cogumelos em água morna por 30 minutos e depois escorra. Descarte os talos e corte as pontas ao meio. Coloque o pato em uma tigela grande e refratária com o caldo, o vinho ou xerez e o sal e coloque em uma panela com água até que suba dois terços das laterais da tigela. Deixe ferver, tampe e cozinhe por cerca de 2 horas até que o pato esteja macio. Retire da panela e corte a carne do osso. Transfira o líquido do cozimento para uma panela separada. Coloque os brotos de bambu e os dois tipos de cogumelos no fundo do recipiente para cozimento a vapor, recoloque a carne do pato, tampe e cozinhe no vapor por mais 30 minutos. Deixe ferver o líquido do cozimento e regue com o pato para servir.

Pato Estufado com Cebola

Para 4 pessoas

4 cogumelos chineses secos
1 pato
90 ml/6 colheres de sopa de molho de soja
60 ml/4 colheres de sopa de óleo de amendoim
1 cebolinha (cebolinha) picada
1 fatia de raiz de gengibre picada
45 ml/3 colheres de sopa de vinho de arroz ou xerez seco
450g/1lb de cebola, fatiada
100g/4oz de brotos de bambu, fatiados
15 ml/1 colher de sopa de açúcar mascavo
15 ml/1 colher de sopa de farinha de milho (amido de milho)
45 ml/3 colheres de sopa de água

Mergulhe os cogumelos em água morna por 30 minutos e depois escorra. Descarte os caules e corte as pontas. Esfregue 15ml/1 colher de sopa de molho de soja no pato. Reserve 15 ml/1 colher de sopa de óleo, aqueça o restante do óleo e refogue a cebolinha e o gengibre até dourar levemente. Adicione o pato e frite até dourar levemente por todos os lados. Remova qualquer excesso de gordura. Adicione o vinho ou xerez, o molho de soja restante na panela e água suficiente para quase cobrir o pato. Deixe ferver, tampe e cozinhe por 1 hora, virando ocasionalmente.

Aqueça o azeite reservado e frite a cebola até amolecer. Retire do fogo e acrescente os brotos de bambu e os cogumelos, depois acrescente ao pato, tampe e cozinhe por mais 30 minutos até que o pato esteja macio. Retire o pato da frigideira, corte em porções e coloque num prato quente. Leve à fervura os líquidos da panela, acrescente o açúcar e a farinha de milho e leve ao fogo baixo, mexendo, até a mistura ferver e engrossar. Despeje sobre o pato para servir.

Pato com laranja

Para 4 pessoas

1 pato
3 cebolinhas (cebolinhas), cortadas em pedaços
2 fatias de raiz de gengibre, cortadas em tiras
1 fatia de casca de laranja
sal e pimenta moída na hora

Coloque o pato em uma panela grande, cubra com água e leve para ferver. Adicione a cebolinha, o gengibre e a casca da laranja, tampe e cozinhe por cerca de 1 hora e meia até o pato ficar macio. Tempere com sal e pimenta, escorra e sirva.

Pato Assado com Laranja

Para 4 pessoas

1 pato
2 dentes de alho cortados ao meio
45 ml/3 colheres de sopa de óleo de amendoim
1 cebola
1 laranja
120 ml/4 fl oz/½ xícara de vinho de arroz ou xerez seco
2 fatias de raiz de gengibre picada
5 ml/1 colher de chá de sal

Esfregue o alho por dentro e por fora do pato e pincele com azeite. Pique a cebola descascada com um garfo, coloque-a junto com a laranja com casca dentro da cavidade do pato e feche com um palito. Coloque o pato numa grelha sobre uma assadeira com um pouco de água quente e leve ao forno pré-aquecido a 160°C/325°F/gás nível 3 durante cerca de 2 horas. Descarte os líquidos e coloque o pato de volta na assadeira. Regue com o vinho ou xerez e polvilhe com o gengibre e o sal. Volte ao forno por mais 30 minutos. Descarte a cebola e a laranja e corte o pato em pedaços para servir. Despeje o suco da frigideira sobre o pato para servir.

Pato com Peras e Castanhas

Para 4 pessoas

225 g/8 onças de castanhas, sem casca
1 pato
45 ml/3 colheres de sopa de óleo de amendoim
250 ml/8 fl oz/1 xícara de caldo de galinha
45 ml/3 colheres de sopa de molho de soja
15 ml/1 colher de sopa de vinho de arroz ou xerez seco
5 ml/1 colher de chá de sal
1 fatia de raiz de gengibre picada
1 pêra grande, descascada e cortada em fatias grossas
15 ml/1 colher de sopa de açúcar

Ferva as castanhas por 15 minutos e depois escorra. Corte o pato em pedaços de 5cm/2. Aqueça o azeite e frite o pato até dourar levemente por todos os lados. Escorra o excesso de óleo e adicione o caldo, o molho de soja, o vinho ou xerez, o sal e o gengibre. Deixe ferver, tampe e cozinhe por 25 minutos, mexendo ocasionalmente. Adicione as castanhas, tampe e cozinhe por mais 15 minutos. Polvilhe a pêra com açúcar, coloque na panela e cozinhe por cerca de 5 minutos até aquecer bem.

Pato de Pequim

Para 6

1 pato
250 ml/8 fl oz/1 xícara de água
120 ml/4 fl oz/½ xícara de mel
120 ml/4 fl oz/½ xícara de óleo de gergelim
Para as panquecas:
250 ml/8 fl oz/1 xícara de água
225g/8oz/2 xícaras de farinha simples (para todos os fins)
óleo de amendoim (amendoim) para fritar

Para os molhos:

120 ml/4 fl oz/½ xícara de molho hoisin
30 ml/2 colheres de sopa de açúcar mascavo
30 ml/2 colheres de sopa de molho de soja
5 ml/1 colher de chá de óleo de gergelim
6 cebolinhas (cebolinhas), cortadas longitudinalmente
1 pepino cortado em tiras

O pato deve estar inteiro e com a pele intacta. Amarre bem o pescoço com barbante e costure ou prenda a abertura inferior. Faça um pequeno corte na lateral do pescoço, insira um canudo e sopre sob a pele até inchar. Pendure o pato sobre uma tigela e deixe descansar por 1 hora.

Leve uma panela com água para ferver, coloque o pato e ferva por 1 minuto, depois retire e seque bem. Leve a água para ferver e acrescente o mel. Esfregue a mistura na pele do pato até ficar saturada. Pendure o pato sobre um recipiente em local fresco e arejado por cerca de 8 horas até que a pele fique dura.

Pendure o pato ou coloque-o sobre uma gradinha sobre uma assadeira e asse em forno pré-aquecido a 180°C/350°F/gás marca 4 por cerca de 1 hora e meia, regando regularmente com óleo de gergelim.

Para fazer as panquecas, leve a água para ferver e adicione aos poucos a farinha. Sove levemente até obter uma massa lisa, cubra com um pano úmido e deixe descansar por 15 minutos. Abra sobre uma superfície enfarinhada e forme um cilindro longo. Corte em fatias de 2,5 cm, depois alise-as até obter uma espessura de cerca de 5 mm e pincele a parte superior com óleo. Empilhe aos pares com as superfícies untadas em contato e polvilhe levemente a parte externa com farinha. Abra os pares com cerca de 10 cm de largura e cozinhe aos pares por cerca de 1 minuto de cada lado até dourar levemente. Separe e empilhe até a hora de servir.

Prepare os molhos misturando metade do molho hoisin com o açúcar e misturando o restante do molho hoisin com o molho de soja e o óleo de gergelim.

Retire o pato do forno, retire a pele e corte em quadradinhos, e corte a carne em cubos. Disponha em pratos separados e sirva com as panquecas, molhos e acompanhamentos.

Pato Assado com Abacaxi

Para 4 pessoas

1 pato
400g/14 onças de pedaços de abacaxi enlatados em calda
45 ml/3 colheres de sopa de molho de soja
5 ml/1 colher de chá de sal
pitada de pimenta moída na hora

Coloque o pato em uma panela de fundo grosso, cubra com água, deixe ferver, tampe e cozinhe por 1 hora. Escorra a calda de abacaxi na panela com o molho de soja, sal e pimenta, tampe e cozinhe por mais 30 minutos. Adicione os pedaços de abacaxi e cozinhe por mais 15 minutos até o pato ficar macio.

Pato salteado com abacaxi

Para 4 pessoas

1 pato
45 ml/3 colheres de sopa de farinha de milho (amido de milho)
45 ml/3 colheres de sopa de molho de soja
225 g/8 onças de abacaxi enlatado em calda
45 ml/3 colheres de sopa de óleo de amendoim
2 fatias de raiz de gengibre, cortadas em tiras
15 ml/1 colher de sopa de vinho de arroz ou xerez seco
5 ml/1 colher de chá de sal

Corte a carne do osso e corte-a em pedaços. Misture o molho de soja com 30ml/2 colheres de sopa de farinha de milho e misture com o pato até ficar bem revestido. Deixe descansar por 1 hora, mexendo ocasionalmente. Amasse o abacaxi e a calda e leve ao fogo baixo em uma frigideira. Misture o restante da farinha de milho com um pouco de água, mexa na panela e leve ao fogo baixo, mexendo até o molho engrossar. Fique aquecido. Aqueça o óleo e frite o gengibre até dourar levemente e depois descarte o gengibre. Adicione o pato e refogue até dourar levemente por todos os lados. Adicione o vinho ou xerez e o sal e refogue por mais alguns minutos até que o pato esteja cozido. Coloque o pato num prato quente, regue com o molho e sirva imediatamente.

Pato de abacaxi e gengibre

Para 4 pessoas

1 pato
100 g/4 onças de gengibre em conserva em calda
200g/7oz de pedaços de abacaxi enlatados em calda
5 ml/1 colher de chá de sal
15 ml/1 colher de sopa de farinha de milho (amido de milho)
30 ml/2 colheres de sopa de água

Coloque o pato em uma tigela refratária e coloque-o em uma panela cheia de água até que suba dois terços das laterais da tigela. Deixe ferver, tampe e cozinhe por cerca de 2 horas até que o pato esteja macio. Retire o pato e deixe esfriar um pouco. Retire a pele e os ossos e corte o pato em pedaços. Coloque-os num prato de servir e mantenha-os aquecidos.

Escorra a calda do gengibre e do abacaxi para uma panela, acrescente o sal, a farinha de milho e a água. Deixe ferver, mexendo, e cozinhe por alguns minutos, mexendo, até o molho clarear e engrossar. Adicione o gengibre e o abacaxi, mexa e regue com o pato para servir.

Pato com Abacaxi e Lichias

Para 4 pessoas

4 peitos de pato

15 ml/1 colher de sopa de molho de soja

1 cravo de anis estrelado

1 fatia de raiz de gengibre

óleo de amendoim (amendoim) para fritar

90 ml/6 colheres de sopa de vinagre de vinho

100 g/4 onças/½ xícara de açúcar mascavo

250 ml/8 fl oz/½ xícara de caldo de galinha

15 ml/1 colher de sopa de molho de tomate (ketchup)

200g/7oz de pedaços de abacaxi enlatados em calda

15 ml/1 colher de sopa de farinha de milho (amido de milho)

6 lichias em lata

6 cerejas ao marasquino

Coloque os patos, o molho de soja, o anis e o gengibre numa panela e cubra com água fria. Deixe ferver, retire a gordura, tampe e cozinhe por cerca de 45 minutos até que o pato esteja cozido. Escorra e seque. Frite em bastante óleo bem quente até ficar crocante.

Enquanto isso, misture o vinagre de vinho, o açúcar, o caldo, o molho de tomate e 30ml/2 colheres de sopa de xarope de abacaxi em uma panela, leve à fervura e cozinhe por cerca de 5 minutos até engrossar. Adicione as frutas e aqueça antes de despejar sobre o pato para servir.

Pato com Carne de Porco e Castanhas

Para 4 pessoas

6 cogumelos chineses secos

1 pato

225 g/8 onças de castanhas, sem casca

225g/8oz de carne de porco magra, em cubos

3 cebolinhas (cebolinha), picadas

1 fatia de raiz de gengibre picada

250 ml/8 fl oz/1 xícara de molho de soja

900 ml/1½ ponto/3¾ xícaras de água

Mergulhe os cogumelos em água morna por 30 minutos e depois escorra. Descarte os caules e corte as pontas. Coloque numa panela grande com todos os ingredientes restantes, leve para ferver, tampe e cozinhe por cerca de 1 hora e meia até que o pato esteja cozido.

Pato com Batata

Para 4 pessoas

75 ml/5 colheres de sopa de óleo de amendoim
1 pato
3 dentes de alho esmagados
30 ml/2 colheres de sopa de molho de feijão preto
10 ml/2 colheres de chá de sal
1,2 l/2 pontos/5 xícaras de água
2 alhos-porós em fatias grossas
15 ml/1 colher de sopa de açúcar
45 ml/3 colheres de sopa de molho de soja
60 ml/4 colheres de sopa de vinho de arroz ou xerez seco
1 cravo de anis estrelado
900g/2lb de batatas, em fatias grossas
½ cabeça de folhas chinesas
15 ml/1 colher de sopa de farinha de milho (amido de milho)
30 ml/2 colheres de sopa de água
raminhos de salsa de folhas planas

Aqueça 60 ml/4 colheres de sopa de óleo e frite o pato até dourar por todos os lados. Amarre ou costure a ponta do pescoço e coloque o pato, com o pescoço voltado para baixo, em uma tigela funda. Aqueça o azeite restante e frite o alho até dourar levemente. Adicione o molho de feijão preto e o sal e frite por 1 minuto. Adicione a água, o alho-poró, o açúcar, o molho de soja, o vinho ou xerez e o anis estrelado e deixe ferver. Despeje 120 ml/8 fl oz/1 xícara da mistura na cavidade do pato e amarre ou costure para fixar. Leve a mistura restante na frigideira para ferver. Adicione o pato e as batatas, tampe e cozinhe por 40 minutos, virando o pato uma vez. Disponha as folhas chinesas em um prato de servir. Retire o pato da frigideira, corte em pedaços de 5cm e coloque no prato de servir junto com as batatas. Misture a farinha de milho com a água até formar uma pasta, mexa na panela e leve ao fogo baixo, mexendo até o molho engrossar.

Pato Vermelho Cozido

Para 4 pessoas

1 pato
4 cebolinhas (cebolinhas), cortadas em pedaços
2 fatias de raiz de gengibre, cortadas em tiras
90 ml/6 colheres de sopa de molho de soja
45 ml/3 colheres de sopa de vinho de arroz ou xerez seco
10 ml/2 colheres de chá de sal
10 ml/2 colheres de chá de açúcar

Coloque o pato em uma panela pesada, cubra com água e leve para ferver. Adicione a cebolinha, o gengibre, o vinho ou xerez e o sal, tampe e cozinhe por cerca de 1 hora. Adicione o açúcar e cozinhe por mais 45 minutos até o pato ficar macio. Corte o pato num prato de servir e sirva quente ou frio, com ou sem molho.

Pato Assado com Vinho de Arroz

Para 4 pessoas

1 pato

500 ml/14 fl oz/1¾ xícara de vinho de arroz ou xerez seco

5 ml/1 colher de chá de sal

45 ml/3 colheres de sopa de molho de soja

Coloque o pato numa panela de fundo grosso com o xerez e o sal, deixe ferver, tampe e cozinhe em fogo baixo por 20 minutos. Escorra o pato, reservando o líquido, e esfregue com molho de soja. Coloque sobre uma gradinha em uma assadeira com um pouco de água quente e leve ao forno pré-aquecido a 180°C/350°F/gás marca 4 por cerca de 1 hora, regando regularmente com o vinho líquido reservado.

Pato Cozido no Vapor com Vinho de Arroz

Para 4 pessoas

1 pato
4 cebolinhas (cebolinhas), cortadas pela metade
1 fatia de raiz de gengibre picada
250 ml/8 fl oz/1 xícara de vinho de arroz ou xerez seco
30 ml/2 colheres de sopa de molho de soja
pitada de sal

Escalde o pato em água fervente por 5 minutos e depois escorra. Coloque em uma tigela refratária com os ingredientes restantes. Coloque a tigela em uma panela cheia de água até que ela suba dois terços das laterais da tigela. Deixe ferver, tampe e cozinhe por cerca de 2 horas até que o pato esteja macio. Descarte a cebolinha e o gengibre antes de servir.

pato salgado

Para 4 pessoas

45 ml/3 colheres de sopa de óleo de amendoim
4 peitos de pato
3 cebolinhas (cebolinha), fatiadas
2 dentes de alho esmagados
1 fatia de raiz de gengibre picada
250 ml/8 fl oz/1 xícara de molho de soja
30 ml/2 colheres de sopa de vinho de arroz ou xerez seco
30 ml/2 colheres de sopa de açúcar mascavo
5 ml/1 colher de chá de sal
450 ml/¾ pt/2 xícaras de água
15 ml/1 colher de sopa de farinha de milho (amido de milho)

Aqueça o azeite e frite os peitos de pato até dourar. Adicione a cebolinha, o alho e o gengibre e refogue por 2 minutos. Adicione o molho de soja, o vinho ou xerez, o açúcar e o sal e misture bem. Adicione a água, deixe ferver, tampe e cozinhe por cerca de 1 hora e meia até a carne ficar bem macia. Misture a farinha de milho com um pouco de água, mexa na panela e leve ao fogo baixo, mexendo até o molho engrossar.

Pato salgado com feijão verde

Para 4 pessoas

45 ml/3 colheres de sopa de óleo de amendoim

4 peitos de pato

3 cebolinhas (cebolinha), fatiadas

2 dentes de alho esmagados

1 fatia de raiz de gengibre picada

250 ml/8 fl oz/1 xícara de molho de soja

30 ml/2 colheres de sopa de vinho de arroz ou xerez seco

30 ml/2 colheres de sopa de açúcar mascavo

5 ml/1 colher de chá de sal

450 ml/¾ pt/2 xícaras de água

225g/8 onças de feijão verde

15 ml/1 colher de sopa de farinha de milho (amido de milho)

Aqueça o azeite e frite os peitos de pato até dourar. Adicione a cebolinha, o alho e o gengibre e refogue por 2 minutos. Adicione o molho de soja, o vinho ou xerez, o açúcar e o sal e misture bem. Adicione a água, deixe ferver, tampe e cozinhe por cerca de 45 minutos. Adicione o feijão, tampe e cozinhe por mais 20 minutos. Misture a farinha de milho com um pouco de água, mexa na panela e leve ao fogo baixo, mexendo até o molho engrossar.

Pato cozido lentamente

Para 4 pessoas

1 pato
50 g/2 onças/½ xícara de farinha de milho (amido de milho)
óleo para fritar
2 dentes de alho esmagados
30 ml/2 colheres de sopa de vinho de arroz ou xerez seco
30 ml/2 colheres de sopa de molho de soja
5 ml/1 colher de chá de raiz de gengibre ralada
750 ml/1¼ pts/3 xícaras de caldo de galinha
4 cogumelos chineses secos
225g/8oz de brotos de bambu, fatiados
225 g / 8 onças de castanhas-d'água, fatiadas
10 ml/2 colheres de chá de açúcar
pitada de pimenta
5 cebolinhas (cebolinhas), fatiadas

Corte o pato em pedaços do tamanho de uma porção. Reserve 30ml/2 colheres de sopa de farinha de milho e cubra o pato com o restante da farinha de milho. Tire o pó do excesso. Aqueça o azeite e frite o alho e o pato até dourar levemente. Retire da panela e escorra em papel de cozinha. Coloque o pato em uma frigideira grande. Misture o vinho ou o xerez, 15 ml/1 colher de sopa de molho de soja e o gengibre. Adicione à panela e cozinhe em fogo alto por 2 minutos. Adicione metade do caldo, deixe ferver, tampe e cozinhe por cerca de 1 hora até o pato ficar macio.

Enquanto isso, deixe os cogumelos de molho em água morna por 30 minutos e depois escorra. Descarte os caules e corte as pontas. Adicione os cogumelos, os brotos de bambu e as castanhas-d'água ao pato e cozinhe, mexendo sempre, por 5 minutos. Retire qualquer gordura do líquido. Misture o restante do caldo, a farinha de milho e o molho de soja com o açúcar e a pimenta e mexa na panela. Deixe ferver, mexendo, e cozinhe por cerca de 5 minutos até o molho engrossar. Transfira para uma tigela quente e sirva decorado com cebolinha.

Pato salteado

Para 4 pessoas

1 clara de ovo levemente batida
20 ml/1½ colher de sopa de farinha de milho (amido de milho)
sal
450g/1lb de peito de pato em fatias finas
45 ml/3 colheres de sopa de óleo de amendoim
2 cebolinhas (cebolinhas), cortadas em tiras
1 pimentão verde cortado em tiras
5 ml/1 colher de chá de vinho de arroz ou xerez seco
75 ml/5 colheres de sopa de caldo de galinha
2,5 ml/½ colher de chá de açúcar

Bata a clara de ovo com 15ml/1 colher de sopa de farinha de milho e uma pitada de sal. Adicione o pato fatiado e mexa até que o pato esteja revestido. Aqueça o azeite e frite o pato até ficar cozido e dourado. Retire o pato da panela e escorra tudo, exceto 30ml/2 colheres de sopa de óleo. Adicione a cebolinha e a pimenta e refogue por 3 minutos. Adicione o vinho ou xerez, o caldo e o açúcar e deixe ferver. Misture o restante da farinha de milho com um pouco de água, misture ao molho e leve ao fogo baixo, mexendo sempre, até o molho engrossar. Adicione o pato, aqueça e sirva.

Pato com Batata Doce

Para 4 pessoas

1 pato
250 ml/8 fl oz/1 xícara de óleo de amendoim
225g/8oz de batata doce, descascada e cortada em cubos
2 dentes de alho esmagados
1 fatia de raiz de gengibre picada
2,5 ml/½ colher de chá de canela
2,5 ml/½ colher de chá de cravo moído
pitada de anis moído
5 ml/1 colher de chá de açúcar
15 ml/1 colher de sopa de molho de soja
250 ml/8 fl oz/1 xícara de caldo de galinha
15 ml/1 colher de sopa de farinha de milho (amido de milho)
30 ml/2 colheres de sopa de água

Corte o pato em pedaços de 5cm/2. Aqueça o azeite e frite as batatas até dourar. Retire da panela e escorra tudo, exceto 30 ml/2 colheres de sopa de óleo. Adicione o alho e o gengibre e refogue por 30 segundos. Adicione o pato e frite até dourar levemente por todos os lados. Adicione os temperos, o açúcar, o molho de soja e o caldo e leve para ferver. Adicione as batatas, tampe e cozinhe por cerca de 20 minutos até o pato ficar macio. Misture a farinha de milho até formar uma pasta com a água, depois mexa na panela e leve ao fogo baixo, mexendo até o molho engrossar.

pato agridoce

Para 4 pessoas

1 pato

1,2 l/2 pontos/5 xícaras de caldo de galinha

2 cebolas

2 cenouras

2 dentes de alho fatiados

15 ml/1 colher de sopa de especiarias em conserva

10 ml/2 colheres de chá de sal

10 ml/2 colheres de chá de óleo de amendoim

6 cebolinhas (cebolinha), picadas

1 manga descascada e cortada em cubos

12 lichias, cortadas pela metade

15 ml/1 colher de sopa de farinha de milho (amido de milho)

15 ml/1 colher de sopa de vinagre de vinho

10 ml/2 colheres de chá de purê de tomate (pasta)

15 ml/1 colher de sopa de molho de soja

5 ml/1 colher de chá de cinco especiarias em pó

300 ml/½ pt/1 ¼ xícara de caldo de galinha

Coloque o pato em uma cesta para cozimento a vapor sobre uma frigideira contendo caldo, cebola, cenoura, alho, temperos em conserva e sal. Cubra e cozinhe no vapor por 2 horas e meia. Deixe esfriar o pato, tampe e leve à geladeira por 6 horas. Retire a carne dos ossos e corte em cubos. Aqueça o azeite e frite o pato e a cebolinha até ficarem crocantes. Adicione os ingredientes restantes, deixe ferver e cozinhe por 2 minutos, mexendo, até o molho engrossar.

pato mandarim

Para 4 pessoas

1 pato
60 ml/4 colheres de sopa de óleo de amendoim
1 pedaço de casca de tangerina seca
900 ml/1½ ponto/3¾ xícaras de caldo de galinha
5 ml/1 colher de chá de sal

Pendure o pato para secar por 2 horas. Aqueça metade do azeite e frite o pato até dourar levemente. Transfira para uma tigela grande e refratária. Aqueça o restante azeite e frite a casca da tangerina durante 2 minutos e depois coloque-a dentro do pato.

Despeje o caldo sobre o pato e tempere com sal. Coloque a tigela sobre uma gradinha em uma panela a vapor, tampe e cozinhe no vapor por cerca de 2 horas até que o pato esteja macio.

Pato com Legumes

Para 4 pessoas

1 pato grande cortado em 16 pedaços
sal
300 ml/½ litro/1¼ xícara de água
300 ml/½ pt/1¼ xícara de vinho branco seco
120 ml/4 fl oz/½ xícara de vinagre de vinho
45 ml/3 colheres de sopa de molho de soja
30 ml/2 colheres de sopa de molho de ameixa
30 ml/2 colheres de sopa de molho hoisin
5 ml/1 colher de chá de cinco especiarias em pó
6 cebolinhas (cebolinha), picadas
2 cenouras picadas
5 cm/2 de rabanete branco picado
50g/2oz de repolho chinês em cubos
pimenta moída na hora
5 ml/1 colher de chá de açúcar

Coloque os pedaços de pato numa tigela, polvilhe com sal e acrescente a água e o vinho. Adicione vinagre de vinho, molho de soja, molho de ameixa, molho hoisin e cinco especiarias em pó, deixe ferver, tampe e cozinhe por cerca de 1 hora. Adicione os legumes à panela, retire a tampa e cozinhe por mais 10 minutos. Tempere com sal, pimenta e açúcar e deixe esfriar. Cubra e leve à geladeira durante a noite. Retire a gordura e reaqueça o pato no molho por 20 minutos.

Pato salteado com legumes

Para 4 pessoas

4 cogumelos chineses secos

1 pato

10 ml/2 colheres de chá de farinha de milho (amido de milho)

15 ml/1 colher de sopa de molho de soja

45 ml/3 colheres de sopa de óleo de amendoim

100g/4oz de brotos de bambu, cortados em tiras

50g/2oz de castanhas d'água, cortadas em tiras

120 ml/4 fl oz/½ xícara de caldo de galinha

15 ml/1 colher de sopa de vinho de arroz ou xerez seco

5 ml/1 colher de chá de sal

Mergulhe os cogumelos em água morna por 30 minutos e depois escorra. Descarte os talos e corte as tampas em cubos. Retire a carne dos ossos e corte em pedaços. Misture a farinha de milho e o molho de soja, acrescente à carne de pato e deixe descansar por 1 hora. Aqueça o azeite e frite o pato até dourar levemente por todos os lados. Retire da panela. Adicione os cogumelos, os brotos de bambu e as castanhas-d'água à frigideira e frite por 3 minutos. Adicione o caldo, o vinho ou xerez e o sal, deixe ferver e cozinhe por 3 minutos. Volte o pato para a panela, tampe e cozinhe por mais 10 minutos até que o pato esteja macio.

Pato Cozido Branco

Para 4 pessoas

1 fatia de raiz de gengibre picada
250 ml/8 fl oz/1 xícara de vinho de arroz ou xerez seco
sal e pimenta moída na hora
1 pato
3 cebolinhas (cebolinha), picadas
5 ml/1 colher de chá de sal
100g/4oz de brotos de bambu, fatiados
100g/4 onças de presunto defumado, fatiado

Misture o gengibre, 15 ml/1 colher de sopa de vinho ou xerez, um pouco de sal e pimenta. Esfregue sobre o pato e deixe descansar por 1 hora. Coloque a ave em uma panela de fundo grosso com a marinada e acrescente a cebolinha e o sal. Adicione água fria suficiente apenas para cobrir o pato, deixe ferver, tampe e cozinhe por cerca de 2 horas até que o pato esteja macio. Adicione os brotos de bambu e o presunto e cozinhe por mais 10 minutos.

Pato no Vinho

Para 4 pessoas

1 pato
15 ml/1 colher de sopa de molho de feijão amarelo
1 cebola fatiada
1 garrafa de vinho branco seco

Esfregue o pato por dentro e por fora com o molho de feijão amarelo. Coloque a cebola dentro da cavidade. Numa panela grande leve o vinho para ferver, acrescente o pato, volte a ferver, tampe e cozinhe o mais suavemente possível por cerca de 3 horas até que o pato esteja macio. Escorra e corte para servir.

Pato cozido no vapor com vinho

Para 4 pessoas

1 pato

sal de aipo

200 ml/7 fl oz/1 xícara de vinho de arroz ou xerez seco

30 ml/2 colheres de sopa de salsa fresca picada

Esfregue o pato com sal de aipo por dentro e por fora e coloque em uma assadeira funda. Coloque um copo refratário contendo o vinho na cavidade do pato. Coloque o prato em uma gradinha em uma panela a vapor, tampe e cozinhe em água fervente por cerca de 2 horas até que o pato esteja macio.

faisão frito

Para 4 pessoas

900g/2lb de faisão
30 ml/2 colheres de sopa de molho de soja
4 ovos batidos
120 ml/4 fl oz/½ xícara de óleo de amendoim

Desosse o faisão e pique a carne. Misture com o molho de soja e deixe descansar por 30 minutos. Escorra o faisão e mergulhe-o nos ovos. Aqueça o azeite e frite o faisão rapidamente até dourar. Escorra bem antes de servir.

Faisão com Amêndoas

Para 4 pessoas

45 ml/3 colheres de sopa de óleo de amendoim
2 cebolinhas (cebolinha), picadas
1 fatia de raiz de gengibre picada
225g / 8oz de faisão, em fatias muito finas
50g/2oz de presunto ralado
30 ml/2 colheres de sopa de molho de soja
30 ml/2 colheres de sopa de vinho de arroz ou xerez seco
5 ml/1 colher de chá de açúcar
5 ml/1 colher de chá de pimenta moída na hora
2,5 ml/½ colher de chá de sal
100 g/4 onças/1 xícara de amêndoas em flocos

Aqueça o azeite e frite a cebolinha e o gengibre até dourar levemente. Adicione o faisão e o presunto e refogue por 5 minutos até quase ficar cozido. Adicione o molho de soja, o vinho ou xerez, o açúcar, a pimenta e o sal e refogue por 2 minutos. Adicione as amêndoas e refogue por 1 minuto até que os ingredientes estejam bem misturados.

Veado com Cogumelos Secos

Para 4 pessoas

8 cogumelos chineses secos
450 g/1 lb de filé de veado, cortado em tiras
15 ml/1 colher de sopa de bagas de zimbro esmagadas
15 ml/1 colher de sopa de óleo de gergelim
30 ml/2 colheres de sopa de molho de soja
30 ml/2 colheres de sopa de molho hoisin
5 ml/1 colher de chá de cinco especiarias em pó
30 ml/2 colheres de sopa de óleo de amendoim (amendoim)
6 cebolinhas (cebolinha), picadas
30 ml/2 colheres de sopa de mel
30 ml/2 colheres de sopa de vinagre de vinho

Mergulhe os cogumelos em água morna por 30 minutos e depois escorra. Descarte os caules e corte as pontas. Coloque a carne de veado em uma tigela. Misture as bagas de zimbro, o óleo de gergelim, o molho de soja, o molho hoisin e o pó de cinco especiarias, despeje sobre a carne de veado e deixe marinar por pelo menos 3 horas, mexendo ocasionalmente. Aqueça o azeite e refogue a carne por 8 minutos até ficar cozida. Retire da panela. Adicione a cebolinha e os cogumelos à panela e refogue por 3 minutos. Retorne a carne para a panela com o mel e o vinagre de vinho e aqueça, mexendo.

ovos salgados

6 atrás
1,2 l/2 pontos/5 xícaras de água
100g/4 onças de sal-gema
6 ovos de pato

Leve a água com o sal para ferver e mexa até que o sal se dissolva. Deixar esfriar. Despeje a água salgada em uma jarra grande, acrescente os ovos, tampe e deixe descansar por 1 mês. Ferva os ovos antes de cozinhá-los com arroz.

ovos de soja

Para 4 pessoas

4 ovos

120 ml/4 fl oz/½ xícara de molho de soja

120 ml/4 fl oz/½ xícara de água

50 g/2 onças/¼ xícara de açúcar mascavo

½ cabeça de alface ralada

2 tomates fatiados

Coloque os ovos numa panela, cubra com água fria, deixe ferver e deixe ferver por 10 minutos. Escorra e deixe esfriar em água corrente. Volte os ovos para a panela e acrescente o molho de soja, a água e o açúcar. Deixe ferver, tampe e cozinhe por 1 hora. Disponha a alface em um prato de servir. Corte os ovos em quartos e coloque-os por cima da alface. Sirva decorado com tomates.

ovos de chá

Serve 4–6

6 ovos

10 ml/2 colheres de chá de sal

3 saquinhos de chá chinês

45 ml/3 colheres de sopa de molho de soja

1 cravo de anis estrelado, quebrado em pedaços

Coloque os ovos em uma panela, cubra com água fria, deixe ferver lentamente e cozinhe por 15 minutos. Retire do fogo e coloque os ovos em água fria até esfriar. Deixe descansar por 5 minutos. Retire os ovos da frigideira e quebre delicadamente as cascas, mas não os retire. Volte os ovos para a panela e cubra com água fria. Adicione os ingredientes restantes, deixe ferver e cozinhe por 1 hora e meia. Deixe esfriar e retire a casca.

creme de ovos

Para 4 pessoas

4 ovos batidos
375 ml/13 fl oz/1½ xícara de caldo de galinha
2,5 ml/½ colher de chá de sal
1 cebolinha (cebolinha) picada
100g de camarão descascado, picado grosseiramente
15 ml/1 colher de sopa de molho de soja
15 ml/1 colher de sopa de óleo de amendoim

Misture todos os ingredientes, exceto o óleo, em uma tigela funda e coloque-a em uma assadeira com 2,5 cm de água. Cubra e cozinhe no vapor por 15 minutos. Aqueça o azeite e regue com o creme de pasteleiro. Cubra e cozinhe no vapor por mais 15 minutos.

ovos cozidos no vapor

Para 4 pessoas

250 ml/8 fl oz/1 xícara de caldo de galinha
4 ovos levemente batidos
15 ml/1 colher de sopa de vinho de arroz ou xerez seco
5 ml/1 colher de chá de óleo de amendoim
2,5 ml/½ colher de chá de sal
2,5 ml/½ colher de chá de açúcar
2 cebolinhas (cebolinha), picadas
15 ml/1 colher de sopa de molho de soja

Bata levemente os ovos com o vinho ou xerez, o azeite, o sal, o açúcar e a cebolinha. Aqueça o caldo, misture lentamente na mistura de ovos e despeje em uma assadeira rasa. Coloque o prato em uma gradinha em uma panela a vapor, tampe e cozinhe no vapor por cerca de 30 minutos em água fervente até que a mistura fique com a consistência de um creme espesso. Polvilhe com molho de soja antes de servir.

presunto cozido no vapor

Serve de 6 a 8 porções

900g/2lb de presunto fresco
30 ml/2 colheres de sopa de açúcar mascavo
60 ml/4 colheres de sopa de vinho de arroz ou xerez seco

Coloque o presunto em um prato refratário sobre uma gradinha, tampe e cozinhe em água fervente por cerca de 1 hora. Adicione o açúcar e o vinho ou xerez ao prato, tampe e cozinhe no vapor por mais 1 hora ou até que o presunto esteja cozido. Deixe esfriar na tigela antes de cortar.

bacon com repolho

Para 4 pessoas

4 fatias de bacon ralado, derretido e picado
2,5 ml/½ colher de chá de sal
1 fatia de raiz de gengibre picada
½ repolho picado
75 ml/5 colheres de sopa de caldo de galinha
15 ml/1 colher de sopa de molho de ostra

Frite o bacon até ficar crocante e retire da frigideira. Adicione sal e gengibre e refogue por 2 minutos. Adicione o repolho e mexa bem, depois acrescente o bacon e acrescente o caldo, tampe e cozinhe por cerca de 5 minutos até que o repolho esteja macio, mas ainda levemente crocante. Adicione o molho de ostra, tampe e cozinhe por 1 minuto antes de servir.

Frango Amêndoa

Serve 4–6

375 ml/13 fl oz/1½ xícara de caldo de galinha
60 ml/4 colheres de sopa de vinho de arroz ou xerez seco
45 ml/3 colheres de sopa de farinha de milho (amido de milho)
15 ml/1 colher de sopa de molho de soja
4 peitos de frango
1 clara de ovo
2,5 ml/½ colher de chá de sal
óleo para fritar
75 g/3 onças/½ xícara de amêndoas escaldadas
1 cenoura grande, cortada em cubos
5 ml/1 colher de chá de raiz de gengibre ralada
6 cebolinhas (cebolinhas), fatiadas
3 talos de aipo, fatiados
100g/4 onças de cogumelos, fatiados
100g/4oz de brotos de bambu, fatiados

Misture o caldo, metade do vinho ou xerez, 30ml/2 colheres de sopa de farinha de milho e o molho de soja em uma panela. Deixe ferver, mexendo e cozinhe por 5 minutos até a mistura engrossar. Retire do fogo e mantenha aquecido.

Retire a pele e os ossos do frango e corte em pedaços de 2,5 cm. Misture o resto do vinho ou xerez e a farinha de milho, a clara de ovo e o sal, junte os pedaços de frango e mexa bem. Aqueça o óleo e frite os pedaços de frango, aos poucos, por cerca de 5 minutos, até dourar. Seque bem. Retire da frigideira tudo menos 30ml/2 colheres de sopa de óleo e refogue as amêndoas por 2 minutos até dourar. Seque bem. Adicione a cenoura e o gengibre à panela e refogue por 1 minuto. Adicione os legumes restantes e refogue por cerca de 3 minutos até que os legumes estejam macios, mas ainda crocantes. Retorne o frango e as amêndoas à panela com o molho e leve ao fogo moderado por alguns minutos até aquecer bem.

Frango com Amêndoas e Castanhas D'água

Para 4 pessoas

6 cogumelos chineses secos
4 pedaços de frango, desossados
100g/4 onças de amêndoas moídas
sal e pimenta moída na hora
60 ml/4 colheres de sopa de óleo de amendoim
100g/4 onças de castanhas d'água, fatiadas
75 ml/5 colheres de sopa de caldo de galinha
30 ml/2 colheres de sopa de molho de soja

Mergulhe os cogumelos em água morna por 30 minutos e depois escorra. Descarte os caules e corte as pontas. Corte o frango em fatias finas. Tempere generosamente as amêndoas com sal e pimenta e cubra as fatias de frango com as amêndoas. Aqueça o óleo e frite o frango até dourar levemente. Adicione os cogumelos, as castanhas-d'água, o caldo e o molho de soja, deixe ferver, tampe e cozinhe por alguns minutos até que o frango esteja cozido.

Frango com Amêndoas e Legumes

Para 4 pessoas

75 ml/5 colheres de sopa de óleo de amendoim
4 fatias de raiz de gengibre picada
5 ml/1 colher de chá de sal
100g/4 onças de bok choy ralado
50g/2oz de brotos de bambu em cubos
50g/2oz de cogumelos, cortados em cubos
2 talos de aipo em cubos
3 castanhas d'água cortadas em cubos
120 ml/4 fl oz/½ xícara de caldo de galinha
225g/8oz de peito de frango cortado em cubos
15 ml/1 colher de sopa de vinho de arroz ou xerez seco
50 g/2 onças de ervilhas
100g/4 onças de amêndoas em flocos, torradas
10 ml/2 colheres de chá de farinha de milho (amido de milho)
15 ml/1 colher de sopa de água

Aqueça metade do azeite e frite o gengibre e o sal por 30 segundos. Adicione o repolho, o broto de bambu, os cogumelos, o aipo e as castanhas-d'água e frite por 2 minutos. Adicione o caldo, deixe ferver, tampe e cozinhe por 2 minutos. Retire os legumes e o molho da panela. Aqueça o óleo restante e frite o frango por 1 minuto. Adicione o vinho ou xerez e frite por 1 minuto. Retorne os legumes à panela com as ervilhas e as amêndoas e cozinhe por 30 segundos. Misture a farinha de milho e a água até formar uma pasta, misture ao molho e cozinhe em fogo baixo, mexendo até o molho engrossar.

Frango com Anis

Para 4 pessoas

75 ml/5 colheres de sopa de óleo de amendoim
2 cebolas picadas
1 dente de alho picado
2 fatias de raiz de gengibre picada
15 ml/1 colher de sopa de farinha simples (multiuso)
30 ml/2 colheres de sopa de curry em pó
450 g/1 libra de frango em cubos
15 ml/1 colher de sopa de açúcar
30 ml/2 colheres de sopa de molho de soja
450 ml/¾ pt/2 xícaras de caldo de galinha
2 cravos de anis estrelado

225g de batatas cortadas em cubos

Aqueça metade do azeite e frite a cebola até dourar levemente, depois retire da frigideira. Aqueça o azeite restante e frite o alho e o gengibre por 30 segundos. Adicione a farinha e o curry e cozinhe por 2 minutos. Volte a cebola para a panela, acrescente o frango e refogue por 3 minutos. Adicione o açúcar, o molho de soja, o caldo e o anis, deixe ferver, tampe e cozinhe por 15 minutos. Adicione as batatas, volte a ferver, tampe e cozinhe por mais 20 minutos até ficar macio.

frango com damascos

Para 4 pessoas

4 pedaços de frango
sal e pimenta moída na hora
pitada de gengibre em pó
60 ml/4 colheres de sopa de óleo de amendoim
225g/8oz de damascos enlatados, divididos pela metade
300 ml/½ pt/1¼ xícara de molho agridoce
30 ml/2 colheres de sopa de amêndoas em flocos, torradas

Tempere o frango com sal, pimenta e gengibre. Aqueça o óleo e frite o frango até dourar levemente. Cubra e cozinhe por cerca de 20 minutos até ficar macio, virando ocasionalmente. Escorra o óleo. Adicione os damascos e o molho à panela, deixe ferver, tampe e cozinhe por cerca de 5 minutos ou até aquecer bem. Decore com amêndoas fatiadas.

Frango com aspargos

Para 4 pessoas

45 ml/3 colheres de sopa de óleo de amendoim
5 ml/1 colher de chá de sal
1 dente de alho esmagado
1 cebolinha (cebolinha) picada
1 peito de frango fatiado
30 ml/2 colheres de sopa de molho de feijão preto
350g/12oz de aspargos, cortados em pedaços de 2,5cm/1pol.
120 ml/4 fl oz/½ xícara de caldo de galinha
5 ml/1 colher de chá de açúcar
15 ml/1 colher de sopa de farinha de milho (amido de milho)
45 ml/3 colheres de sopa de água

Aqueça metade do azeite e refogue o sal, o alho e a cebolinha até dourar levemente. Adicione o frango e frite até ficar claro. Adicione o molho de feijão preto e mexa para cobrir o frango. Adicione os aspargos, o caldo e o açúcar, deixe ferver, tampe e cozinhe por 5 minutos até o frango ficar macio. Misture a farinha de milho e a água até formar uma pasta, mexa na panela e cozinhe em fogo baixo, mexendo até o molho clarear e engrossar.

Frango com Berinjela

Para 4 pessoas

225g/8oz de frango fatiado
15 ml/1 colher de sopa de molho de soja
15 ml/1 colher de sopa de vinho de arroz ou xerez seco
15 ml/1 colher de sopa de farinha de milho (amido de milho)
1 berinjela (berinjela), descascada e cortada em tiras
30 ml/2 colheres de sopa de óleo de amendoim (amendoim)
2 pimentões vermelhos secos
2 dentes de alho esmagados
75 ml/5 colheres de sopa de caldo de galinha

Coloque o frango em uma tigela. Misture o molho de soja, o vinho ou xerez e a farinha de milho, acrescente ao frango e deixe descansar por 30 minutos. Escalde a berinjela em água fervente por 3 minutos e escorra bem. Aqueça o azeite e frite os pimentões até dourar, retire e descarte. Adicione o alho e o frango e refogue até ficar levemente colorido. Adicione o caldo e a berinjela, deixe ferver, tampe e cozinhe por 3 minutos, mexendo de vez em quando.

Frango Enrolado com Bacon

Serve 4–6

225g/8oz de frango em cubos
30 ml/2 colheres de sopa de molho de soja
15 ml/1 colher de sopa de vinho de arroz ou xerez seco
5 ml/1 colher de chá de açúcar
5 ml/1 colher de chá de óleo de gergelim
sal e pimenta moída na hora
225g/8 onças de fatias de bacon
1 ovo levemente batido
100g/4 onças de farinha simples (para todos os fins)
óleo para fritar
4 tomates fatiados

Misture o frango com o molho de soja, o vinho ou xerez, o açúcar, o óleo de gergelim, o sal e a pimenta. Cubra e deixe marinar por 1 hora, mexendo de vez em quando, retire o frango e descarte a marinada. Corte o bacon em pedaços e envolva os cubos de frango. Bata os ovos com a farinha até obter uma massa espessa, acrescentando um pouco de leite se necessário. Mergulhe os cubos na massa. Aqueça o óleo e frite os cubos até dourar e ficar cozido. Sirva decorado com tomates.

Frango com Broto de Feijão

Para 4 pessoas

45 ml/3 colheres de sopa de óleo de amendoim
1 dente de alho esmagado
1 cebolinha (cebolinha) picada
1 fatia de raiz de gengibre picada
225g de peito de frango cortado em tiras
225g/8 onças de broto de feijão
45 ml/3 colheres de sopa de molho de soja
15 ml/1 colher de sopa de vinho de arroz ou xerez seco
5 ml/1 colher de chá de farinha de milho (amido de milho)

Aqueça o azeite e frite o alho, a cebolinha e o gengibre até dourar levemente. Adicione o frango e refogue por 5 minutos. Adicione os brotos de feijão e refogue por 2 minutos. Adicione o molho de soja, o vinho ou xerez e a farinha de milho e refogue por cerca de 3 minutos até que o frango esteja cozido.

Frango com Molho de Feijão Preto

Para 4 pessoas

30 ml/2 colheres de sopa de óleo de amendoim (amendoim)
5 ml/1 colher de chá de sal
30 ml/2 colheres de sopa de molho de feijão preto
2 dentes de alho esmagados
450g/1lb de frango em cubos
250 ml/8 fl oz/1 xícara de caldo
1 pimentão verde picado
1 cebola picada
15 ml/1 colher de sopa de molho de soja
pimenta moída na hora
15 ml/1 colher de sopa de farinha de milho (amido de milho)
45 ml/3 colheres de sopa de água

Aqueça o azeite e frite o sal, o feijão preto e o alho por 30 segundos. Adicione o frango e frite até dourar levemente. Adicione o caldo, deixe ferver, tampe e cozinhe por 10 minutos. Adicione o pimentão, a cebola, o molho de soja e a pimenta, tampe e cozinhe por mais 10 minutos. Misture a farinha de milho e a água até formar uma pasta, acrescente o molho e cozinhe em fogo baixo, mexendo, até o molho engrossar e o frango ficar macio.

Frango com brócolis

Para 4 pessoas

450g/1lb de carne de frango, cortada em cubos
225g/8 onças de fígado de galinha
45 ml/3 colheres de sopa de farinha simples (multiuso)
45 ml/3 colheres de sopa de óleo de amendoim
1 cebola picada
1 pimentão vermelho picado
1 pimentão verde picado
225g/8 onças de florzinhas de brócolis
4 fatias de abacaxi em cubos
30 ml/2 colheres de sopa de purê de tomate (pasta)
30 ml/2 colheres de sopa de molho hoisin
30 ml/2 colheres de sopa de mel
30 ml/2 colheres de sopa de molho de soja
300 ml/½ pt/1¼ xícara de caldo de galinha
10 ml/2 colheres de chá de óleo de gergelim

Misture o frango e os fígados de frango na farinha. Aqueça o azeite e refogue o fígado por 5 minutos e retire da panela. Adicione o frango, tampe e frite em fogo moderado por 15 minutos, mexendo de vez em quando. Adicione os legumes e o abacaxi e refogue por 8 minutos. Retorne os fígados para a wok, adicione os ingredientes restantes e deixe ferver. Cozinhe em fogo baixo, mexendo, até o molho engrossar.

Frango com repolho e amendoim

Para 4 pessoas

45 ml/3 colheres de sopa de óleo de amendoim
30 ml/2 colheres de sopa de amendoim
450g/1lb de frango em cubos
½ repolho cortado em quadrados
15 ml/1 colher de sopa de molho de feijão preto
2 pimentões vermelhos picados
5 ml/1 colher de chá de sal

Aqueça um pouco de óleo e frite o amendoim por alguns minutos, mexendo sempre. Retire, escorra e amasse. Aqueça o óleo restante e frite o frango e o repolho até dourar levemente. Retire da panela. Adicione o molho de feijão preto e as pimentas e refogue por 2 minutos. Coloque novamente o frango e o repolho na panela com o amendoim triturado e tempere com sal. Refogue até aquecer e sirva imediatamente.

Frango com Castanha de Caju

Para 4 pessoas

30 ml/2 colheres de sopa de molho de soja

30 ml/2 colheres de sopa de farinha de milho (amido de milho)

15 ml/1 colher de sopa de vinho de arroz ou xerez seco

350g/12 onças de frango em cubos

45 ml/3 colheres de sopa de óleo de amendoim

2,5 ml/½ colher de chá de sal

2 dentes de alho esmagados

225g/8oz de cogumelos, fatiados

100g/4 onças de castanhas d'água, fatiadas

100g/4 onças de brotos de bambu

50 g/2 onças de ervilhas

225g/8oz/2 xícaras de castanha de caju

300 ml/½ pt/1 ¼ xícara de caldo de galinha

Misture o molho de soja, a farinha de milho e o vinho ou xerez, regue com o frango, tampe e deixe marinar por pelo menos 1 hora. Aqueça 30 ml/2 colheres de sopa de óleo com o sal e o alho e frite até o alho ficar levemente dourado. Adicione o frango com a marinada e refogue por 2 minutos até dourar levemente. Adicione os cogumelos, as castanhas-d'água, os brotos de bambu e as ervilhas e frite por 2 minutos. Enquanto isso, aqueça o óleo restante em uma panela separada e frite as castanhas de caju em fogo baixo por alguns minutos até dourar. Coloque-os na panela com o caldo, leve para ferver, tampe e cozinhe por 5 minutos. Se o molho não engrossar o suficiente, adicione um pouco de farinha de milho misturada com uma colher de sopa de água e mexa até o molho engrossar e ficar claro.

Frango com Castanhas

Para 4 pessoas

225g/8oz de frango fatiado
5 ml/1 colher de chá de sal
15 ml/1 colher de sopa de molho de soja
óleo para fritar
250 ml/8 fl oz/1 xícara de caldo de galinha
200 g/7 onças de castanhas-d'água picadas
225g/8oz de castanhas picadas
225g/8oz de cogumelos, divididos em quartos
15 ml/1 colher de sopa de salsa fresca picada

Polvilhe o frango com sal e molho de soja e esfregue bem no frango. Aqueça o azeite e frite o frango até dourar, retire e escorra. Coloque o frango em uma panela com o caldo, deixe ferver e cozinhe por 5 minutos. Adicione as castanhas-d'água, as castanhas e os cogumelos, tampe e cozinhe por cerca de 20 minutos até que tudo esteja macio. Sirva decorado com salsa.

Pimentão picante com frango

Para 4 pessoas

350 g/1 libra de carne de frango em cubos
1 ovo levemente batido
10 ml/2 colheres de chá de molho de soja
2,5 ml/½ colher de chá de farinha de milho (amido de milho)
óleo para fritar
1 pimentão verde picado
4 dentes de alho esmagados
2 pimentões vermelhos ralados
5 ml/1 colher de chá de pimenta moída na hora
5 ml/1 colher de chá de vinagre de vinho
5 ml/1 colher de chá de água
2,5 ml/½ colher de chá de açúcar
2,5 ml/½ colher de chá de óleo de pimenta
2,5 ml/½ colher de chá de óleo de gergelim

Misture o frango com o ovo, metade do molho de soja e o amido de milho e deixe descansar por 30 minutos. Aqueça o azeite e frite o frango até dourar e depois escorra bem. Retire da panela todo o óleo, exceto 15ml/1 colher de sopa, adicione a pimenta, o alho e a pimenta malagueta e frite por 30 segundos. Adicione a pimenta, o vinagre de vinho, a água e o açúcar e frite por 30 segundos. Retorne o frango à panela e refogue por alguns minutos até ficar cozido. Sirva polvilhado com óleo de pimenta e gergelim.

Frango salteado com pimenta

Para 4 pessoas

225g/8oz de frango fatiado
2,5 ml/½ colher de chá de molho de soja
2,5 ml/½ colher de chá de óleo de gergelim
2,5 ml/½ colher de chá de vinho de arroz ou xerez seco
5 ml/1 colher de chá de farinha de milho (amido de milho)
sal
45 ml/3 colheres de sopa de óleo de amendoim
100g/4 onças de espinafre
4 cebolinhas (cebolinha), picadas
2,5 ml/½ colher de chá de pimenta em pó
15 ml/1 colher de sopa de água
1 tomate fatiado

Misture o frango com o molho de soja, o óleo de gergelim, o vinho ou o xerez, metade do amido de milho e uma pitada de sal. Deixe descansar por 30 minutos. Aqueça 15 ml/1 colher de sopa de óleo e frite o frango até dourar levemente. Retire do wok. Aqueça 15ml/1 colher de sopa de óleo e refogue o espinafre até murchar e retire da wok. Aqueça o óleo restante e frite a cebolinha, a pimenta em pó, a água e o restante da farinha de milho por 2 minutos. Adicione o frango e refogue rapidamente. Disponha o espinafre em um prato quente, cubra com o frango e sirva com acompanhamento de tomate.

Costeleta de Frango Suey

Para 4 pessoas

100g/4oz de folhas chinesas, esmagadas

100g/4oz de brotos de bambu, cortados em tiras

60 ml/4 colheres de sopa de óleo de amendoim

3 cebolinhas (cebolinha), fatiadas

2 dentes de alho esmagados

1 fatia de raiz de gengibre picada

225g de peito de frango cortado em tiras

45 ml/3 colheres de sopa de molho de soja

15 ml/1 colher de sopa de vinho de arroz ou xerez seco

5 ml/1 colher de chá de sal

2,5 ml/½ colher de chá de açúcar

pimenta moída na hora

15 ml/1 colher de sopa de farinha de milho (amido de milho)

Escalde as folhas chinesas e os brotos de bambu em água fervente por 2 minutos. Escorra e seque. Aqueça 45 ml/3 colheres de sopa de óleo e frite a cebola, o alho e o gengibre até dourar levemente. Adicione o frango e refogue por 4 minutos. Retire da panela. Aqueça o azeite restante e refogue os legumes por 3 minutos. Adicione o frango, o molho de soja, o vinho ou xerez, o sal, o açúcar e uma pitada de pimenta e refogue por 1 minuto. Misture a farinha de milho com um pouco de água, misture ao molho e cozinhe em fogo baixo, mexendo sempre, até o molho clarear e engrossar.

chow mein de frango

Para 4 pessoas
30 ml/2 colheres de sopa de óleo de amendoim (amendoim)
2 dentes de alho esmagados
450g/1lb de frango fatiado
225g/8oz de brotos de bambu, fatiados
100g/4 onças de aipo fatiado
225g/8oz de cogumelos, fatiados
450 ml/¾ pt/2 xícaras de caldo de galinha
225g/8 onças de broto de feijão
4 cebolas cortadas em rodelas
30 ml/2 colheres de sopa de molho de soja
30 ml/2 colheres de sopa de farinha de milho (amido de milho)
225g/8oz de macarrão chinês seco

Aqueça o azeite com o alho até dourar levemente, depois acrescente o frango e refogue por 2 minutos até dourar levemente. Adicione os brotos de bambu, o aipo e os cogumelos e frite por 3 minutos. Adicione a maior parte do caldo, deixe ferver, tampe e cozinhe por 8 minutos. Adicione o broto de feijão e a cebola e cozinhe por 2 minutos, mexendo, até sobrar um pouco de caldo. Misture o caldo restante com o molho de soja e a farinha de milho. Mexa na panela e cozinhe em fogo baixo, mexendo, até o molho clarear e engrossar.

Enquanto isso, cozinhe o macarrão em água fervente com sal por alguns minutos, conforme instruções da embalagem. Escorra bem, misture com a mistura de frango e sirva imediatamente.

Frango Frito Crocante com Especiarias

Para 4 pessoas

450 g/1 lb de carne de frango, cortada em pedaços
30 ml/2 colheres de sopa de molho de soja
30 ml/2 colheres de sopa de molho de ameixa
45 ml/3 colheres de sopa de chutney de manga
1 dente de alho esmagado
2,5 ml/½ colher de chá de gengibre em pó
algumas gotas de conhaque
30 ml/2 colheres de sopa de farinha de milho (amido de milho)
2 ovos batidos
100g/4oz/1 xícara de pão ralado seco
30 ml/2 colheres de sopa de óleo de amendoim (amendoim)
6 cebolinhas (cebolinha), picadas
1 pimentão vermelho picado
1 pimentão verde picado
30 ml/2 colheres de sopa de molho de soja
30 ml/2 colheres de sopa de mel
30 ml/2 colheres de sopa de vinagre de vinho

Coloque o frango em uma tigela. Misture os molhos, o chutney, o alho, o gengibre e o conhaque, regue com o frango, tampe e deixe marinar por 2 horas. Escorra o frango e polvilhe com fubá.

Cubra com os ovos e depois com o pão ralado. Aqueça o óleo e frite o frango até dourar. Retire da panela. Adicione os legumes e refogue por 4 minutos e retire. Escorra o óleo da panela e coloque o frango e os vegetais de volta na panela com os ingredientes restantes. Deixe ferver e aqueça antes de servir.

Frango Frito com Pepino

Para 4 pessoas

225g/8 onças de carne de frango

1 clara de ovo

2,5 ml/½ colher de chá de farinha de milho (amido de milho)

sal

½ pepino

30 ml/2 colheres de sopa de óleo de amendoim (amendoim)

100g/4 onças de cogumelos

50g/2oz de brotos de bambu, cortados em tiras

50g/2 onças de presunto em cubos

15 ml/1 colher de sopa de água

2,5 ml/½ colher de chá de sal

2,5 ml/½ colher de chá de vinho de arroz ou xerez seco

2,5 ml/½ colher de chá de óleo de gergelim

Pique o frango e corte-o em cubos. Misture com a clara de ovo, a farinha de milho e o sal e deixe descansar. Corte o pepino ao meio no sentido do comprimento e corte na diagonal em rodelas grossas. Aqueça o azeite e refogue o frango até dourar levemente e retire da panela. Adicione o pepino e os brotos de bambu e frite por 1 minuto. Volte a colocar o frango na frigideira com o presunto, a água, o sal e o vinho ou xerez. Deixe ferver e cozinhe até que o frango esteja macio. Sirva polvilhado com óleo de gergelim.

Caril de Pimentão e Frango

Para 4 pessoas

120 ml/4 fl oz/½ xícara de óleo de amendoim

4 pedaços de frango

1 cebola picada

5 ml/1 colher de chá de curry em pó

5 ml/1 colher de chá de molho picante

15 ml/1 colher de sopa de vinho de arroz ou xerez seco

2,5 ml/½ colher de chá de sal

600 ml/1 pt/2½ xícaras de caldo de galinha

15 ml/1 colher de sopa de farinha de milho (amido de milho)

45 ml/3 colheres de sopa de água

5 ml/1 colher de chá de óleo de gergelim

Aqueça o azeite e frite os pedaços de frango até dourar dos dois lados e depois retire-os da frigideira. Adicione a cebola, o curry em pó e o molho picante e refogue por 1 minuto. Adicione o vinho ou xerez e o sal, mexa bem, coloque o frango de volta na panela e mexa novamente. Adicione o caldo, deixe ferver e cozinhe por cerca de 30 minutos até o frango ficar macio. Se o molho não tiver reduzido o suficiente, misture a farinha de milho e a água até formar uma pasta, misture um pouco no molho e cozinhe, mexendo, até engrossar o molho. Sirva polvilhado com óleo de gergelim.

Frango ao curry chinês

Para 4 pessoas

45 ml/3 colheres de sopa de curry em pó
1 cebola fatiada
350g/12 onças de frango em cubos
150 ml/¼ pt/½ xícara generosa de caldo de galinha
5 ml/1 colher de chá de sal
10 ml/2 colheres de chá de farinha de milho (amido de milho)
15 ml/1 colher de sopa de água

Aqueça o curry em pó e a cebola em uma frigideira seca por 2 minutos, sacudindo a panela para cobrir a cebola. Adicione o frango e mexa até ficar bem revestido com curry em pó. Adicione o caldo e o sal, deixe ferver, tampe e cozinhe por cerca de 5 minutos até o frango ficar macio. Misture a farinha de milho e a água até formar uma pasta, mexa na panela e cozinhe em fogo baixo, mexendo até o molho engrossar.

Caril de frango rápido

Para 4 pessoas

450g/1lb de peito de frango em cubos
45 ml/3 colheres de sopa de vinho de arroz ou xerez seco
50 g/2 onças de farinha de milho (amido de milho)
1 clara de ovo
sal
150 ml/¼ pt/½ xícara generosa de óleo de amendoim
15 ml/1 colher de sopa de curry em pó
10 ml/2 colheres de chá de açúcar mascavo
150 ml/¼ pt/½ xícara generosa de caldo de galinha

Misture os cubos de frango e o xerez. Reserve 10ml/2 colheres de chá de farinha de milho. Bata a clara do ovo com o restante do fubá e uma pitada de sal e misture no frango até ficar bem revestido. Aqueça o óleo e frite o frango até ficar cozido e dourado. Retire da panela e escorra tudo, exceto 15ml/1 colher de sopa de óleo. Adicione a farinha de milho reservada, o curry em pó e o açúcar e frite por 1 minuto. Adicione o caldo, leve para ferver e cozinhe, mexendo sempre, até o molho engrossar. Retorne o frango à panela, misture e reaqueça antes de servir.

Frango ao curry com batatas

Para 4 pessoas

45 ml/3 colheres de sopa de óleo de amendoim

2,5 ml/½ colher de chá de sal

1 dente de alho esmagado

750g/1½ lb de frango em cubos

225g/8oz de batatas em cubos

4 cebolas cortadas em rodelas

15 ml/1 colher de sopa de curry em pó

450 ml/¾ pt/2 xícaras de caldo de galinha

225g/8oz de cogumelos, fatiados

Aqueça o azeite com o sal e o alho, acrescente o frango e frite até dourar levemente. Adicione as batatas, cebolas e curry em pó e refogue por 2 minutos. Adicione o caldo, deixe ferver, tampe e cozinhe por cerca de 20 minutos até que o frango esteja cozido, mexendo de vez em quando. Adicione os cogumelos, retire a tampa e cozinhe por mais 10 minutos até o líquido reduzir.

Pés De Frango Frito

Para 4 pessoas
2 coxas de frango grandes, desossadas
2 cebolinhas (cebolinha)
1 fatia de gengibre batido
120 ml/4 fl oz/½ xícara de molho de soja
5 ml/1 colher de chá de vinho de arroz ou xerez seco
óleo para fritar
5 ml/1 colher de chá de óleo de gergelim
pimenta moída na hora

Espalhe a carne de frango e marque por todos os lados. Bata 1 cebolinha rasa e pique a outra. Misture a cebolinha achatada com o gengibre, o molho de soja e o vinho ou xerez. Despeje sobre o frango e deixe marinar por 30 minutos. Retire e escorra. Coloque em um prato sobre uma grelha a vapor e cozinhe no vapor por 20 minutos.

Aqueça o óleo e frite o frango por cerca de 5 minutos até dourar. Retire da panela, escorra bem e corte em fatias grossas, depois coloque as fatias em um prato quente. Aqueça o óleo de gergelim, acrescente a cebolinha picada e a pimenta, regue com o frango e sirva.

Frango frito com molho de curry

Para 4 pessoas

1 ovo levemente batido
30 ml/2 colheres de sopa de farinha de milho (amido de milho)
25 g/1 onça/¼ xícara de farinha simples (para todos os fins)
2,5 ml/½ colher de chá de sal
225g/8oz de frango em cubos
óleo para fritar
30 ml/2 colheres de sopa de óleo de amendoim (amendoim)
30 ml/2 colheres de sopa de curry em pó
60 ml/4 colheres de sopa de vinho de arroz ou xerez seco

Bata o ovo com o amido de milho, a farinha e o sal até obter uma massa espessa. Despeje sobre o frango e misture bem para revestir. Aqueça o óleo e frite o frango até dourar e ficar cozido. Enquanto isso, aqueça o óleo e frite o curry em pó por 1 minuto. Adicione o vinho ou xerez e deixe ferver. Coloque o frango em uma chapa quente e regue com o molho de curry.

frango bêbado

Para 4 pessoas

450 g/1 lb de filé de frango cortado em pedaços
60 ml/4 colheres de sopa de molho de soja
30 ml/2 colheres de sopa de molho hoisin
30 ml/2 colheres de sopa de molho de ameixa
30 ml/2 colheres de sopa de vinagre de vinho
2 dentes de alho esmagados
pitada de sal
algumas gotas de óleo de pimenta
2 claras de ovo
60 ml/4 colheres de sopa de farinha de milho (amido de milho)
óleo para fritar
200 ml/½ pt/1¼ xícara de vinho de arroz ou xerez seco

Coloque o frango em uma tigela. Misture os molhos e o vinagre de vinho, o alho, o sal e o óleo de pimenta, regue com o frango e deixe marinar na geladeira por 4 horas. Bata as claras em neve até ficarem firmes e acrescente a farinha de milho. Retire o frango da marinada e cubra com a mistura de clara de ovo. Aqueça o óleo e frite o frango até ficar cozido e dourado. Escorra bem em papel de cozinha e coloque numa tigela. Regue com o vinho ou xerez, tampe e deixe marinar na geladeira por 12 horas. Retire o frango do vinho e sirva gelado.

Frango salgado com ovos

Para 4 pessoas

30 ml/2 colheres de sopa de óleo de amendoim (amendoim)
4 pedaços de frango
2 cebolinhas (cebolinha), picadas
1 dente de alho esmagado
1 fatia de raiz de gengibre picada
175 ml/6 fl oz/¾ xícara de molho de soja
30 ml/2 colheres de sopa de vinho de arroz ou xerez seco
30 ml/2 colheres de sopa de açúcar mascavo
5 ml/1 colher de chá de sal
375 ml/13 fl oz/1½ xícara de água
4 ovos cozidos (cozidos)
15 ml/1 colher de sopa de farinha de milho (amido de milho)

Aqueça o óleo e frite os pedaços de frango até dourar. Adicione a cebolinha, o alho e o gengibre e refogue por 2 minutos. Adicione o molho de soja, o vinho ou xerez, o açúcar e o sal e misture bem. Adicione água e deixe ferver, tampe e cozinhe por 20 minutos. Adicione os ovos cozidos, tampe e cozinhe por mais 15 minutos. Misture a farinha de milho com um pouco de água, misture ao molho e cozinhe em fogo baixo, mexendo sempre, até o molho clarear e engrossar.

Rolinhos de ovo de galinha

Para 4 pessoas

4 cogumelos chineses secos
100g de frango cortado em tiras
5 ml/1 colher de chá de farinha de milho (amido de milho)
15 ml/1 colher de sopa de molho de soja
2,5 ml/½ colher de chá de sal
2,5 ml/½ colher de chá de açúcar
60 ml/4 colheres de sopa de óleo de amendoim
225g/8 onças de broto de feijão
3 cebolinhas (cebolinha), picadas
100g/4 onças de espinafre
12 cascas de rolinho de ovo
1 ovo batido
óleo para fritar

Mergulhe os cogumelos em água morna por 30 minutos e depois escorra. Descarte os talos e pique as tampas. Coloque o frango em uma tigela. Misture a farinha de milho com 5ml/1 colher de chá de molho de soja, sal e açúcar e misture com o frango. Deixe descansar por 15 minutos. Aqueça metade do azeite e refogue o frango até dourar levemente. Escalde os brotos de feijão em água fervente por 3 minutos e depois escorra. Aqueça o óleo restante e frite as cebolinhas até dourar levemente. Adicione os cogumelos, o broto de feijão, o espinafre e o restante do molho de soja. Adicione o frango e refogue por 2 minutos. Deixar esfriar. Coloque um pouco de recheio no centro de cada casca e pinte as bordas com ovo batido. Dobre nas laterais e enrole os rolinhos de ovo, selando as bordas com ovo. Aqueça o óleo e frite os rolinhos de ovo até ficarem dourados e crocantes.

Frango Estufado com Ovos

Para 4 pessoas

30 ml/2 colheres de sopa de óleo de amendoim (amendoim)
4 filés de peito de frango cortados em tiras
1 pimentão vermelho cortado em tiras
1 pimentão verde cortado em tiras
45 ml/3 colheres de sopa de molho de soja
45 ml/3 colheres de sopa de vinho de arroz ou xerez seco
250 ml/8 fl oz/1 xícara de caldo de galinha
100g/4 onças de alface americana, picada
5 ml/1 colher de chá de açúcar mascavo
30 ml/2 colheres de sopa de molho hoisin
sal e pimenta
15 ml/1 colher de sopa de farinha de milho (amido de milho)
30 ml/2 colheres de sopa de água
4 ovos
30 ml/2 colheres de sopa de xerez

Aqueça o azeite e frite o frango e o pimentão até dourar. Adicione o molho de soja, o vinho ou xerez e o caldo, deixe ferver, tampe e cozinhe por 30 minutos. Adicione a alface, o açúcar e o molho hoisin e tempere com sal e pimenta. Misture o fubá e a água, junte o molho e leve para ferver, mexendo. Bata os ovos com o xerez e frite em omeletes finas. Polvilhe com sal e pimenta e corte em tiras. Coloque em um prato quente e regue com o frango.

Frango do Extremo Oriente

Para 4 pessoas

60 ml/4 colheres de sopa de óleo de amendoim
450 g/1 lb de carne de frango, cortada em pedaços
2 dentes de alho esmagados
2,5 ml/½ colher de chá de sal
2 cebolas picadas
2 pedaços de talo de gengibre picado
45 ml/3 colheres de sopa de molho de soja
30 ml/2 colheres de sopa de molho hoisin
45 ml/3 colheres de sopa de vinho de arroz ou xerez seco
300 ml/½ pt/1¼ xícara de caldo de galinha
5 ml/1 colher de chá de pimenta moída na hora
6 ovos cozidos picados
15 ml/1 colher de sopa de farinha de milho (amido de milho)
15 ml/1 colher de sopa de água

Aqueça o azeite e frite o frango até dourar. Adicione o alho, o sal, a cebola e o gengibre e frite por 2 minutos. Adicione o molho de soja, o molho hoisin, o vinho ou xerez, o caldo e a pimenta. Deixe ferver, tampe e cozinhe por 30 minutos. Adicione os ovos. Misture a farinha de milho e a água e misture ao molho. Deixe ferver e cozinhe, mexendo, até o molho engrossar.

frango foo yung

Para 4 pessoas

6 ovos batidos

45 ml/3 colheres de sopa de farinha de milho (amido de milho)

100g de cogumelos picados grosseiramente

225g/8oz de peito de frango cortado em cubos

1 cebola picada

5 ml/1 colher de chá de sal

45 ml/3 colheres de sopa de óleo de amendoim

Bata os ovos e depois acrescente o fubá. Adicione todos os ingredientes restantes, exceto o óleo. Aqueça o óleo. Despeje a mistura na panela aos poucos para fazer panquecas pequenas com cerca de 7,5 cm de largura. Cozinhe até o fundo ficar dourado, depois vire e cozinhe do outro lado.

Presunto e Frango Foo Yung

Para 4 pessoas

6 ovos batidos

45 ml/3 colheres de sopa de farinha de milho (amido de milho)

100g/4 onças de presunto em cubos

225g/8oz de peito de frango cortado em cubos

3 cebolinhas (cebolinha), picadas finamente

5 ml/1 colher de chá de sal

45 ml/3 colheres de sopa de óleo de amendoim

Bata os ovos e depois acrescente o fubá. Adicione todos os ingredientes restantes, exceto o óleo. Aqueça o óleo. Despeje a mistura na panela aos poucos para fazer panquecas pequenas com cerca de 7,5 cm de largura. Cozinhe até o fundo ficar dourado, depois vire e cozinhe do outro lado.

Frango Frito com Gengibre

Para 4 pessoas

1 frango cortado ao meio
4 fatias de raiz de gengibre esmagada
30 ml/2 colheres de sopa de vinho de arroz ou xerez seco
30 ml/2 colheres de sopa de molho de soja
5 ml/1 colher de chá de açúcar
óleo para fritar

Coloque o frango em uma tigela rasa. Misture o gengibre, o vinho ou o xerez, o molho de soja e o açúcar, regue com o frango e esfregue na pele. Deixe marinar por 1 hora. Aqueça o azeite e frite o frango, metade de cada vez, até ficar claro. Retire do óleo e deixe esfriar um pouco enquanto reaquece o óleo. Retorne o frango à frigideira e frite até dourar e ficar cozido. Escorra bem antes de servir.

frango com gengibre

Para 4 pessoas

225g de frango em fatias finas

1 clara de ovo

pitada de sal

2,5 ml/½ colher de chá de farinha de milho (amido de milho)

15 ml/1 colher de sopa de óleo de amendoim

10 fatias de raiz de gengibre

6 cogumelos cortados ao meio

1 cenoura fatiada

2 cebolinhas (cebolinha), fatiadas

5 ml/1 colher de chá de vinho de arroz ou xerez seco

5 ml/1 colher de chá de água

2,5 ml/½ colher de chá de óleo de gergelim

Misture o frango com a clara de ovo, o sal e o amido de milho. Aqueça metade do óleo e frite o frango até dourar levemente e retire da frigideira. Aqueça o azeite restante e frite o gengibre, os cogumelos, a cenoura e a cebolinha por 3 minutos. Retorne o frango à panela com o vinho ou xerez e água e cozinhe até que o frango esteja macio. Sirva polvilhado com óleo de gergelim.

Frango Gengibre com Cogumelos e Castanhas

Para 4 pessoas

60 ml/4 colheres de sopa de óleo de amendoim
225g/8oz de cebola fatiada
450g/1lb de carne de frango, cortada em cubos
100g/4 onças de cogumelos, fatiados
30 ml/2 colheres de sopa de farinha simples (multiuso)
60 ml/4 colheres de sopa de molho de soja
10 ml/2 colheres de chá de açúcar
sal e pimenta moída na hora
900 ml/1 ½ pt/3 ¾ xícaras de água quente
2 fatias de raiz de gengibre picada
450 g/1 lb de castanhas d'água

Aqueça metade do azeite e frite a cebola por 3 minutos e retire da frigideira. Aqueça o óleo restante e frite o frango até dourar levemente.

Adicione os cogumelos e cozinhe por 2 minutos. Polvilhe a mistura com farinha e depois acrescente o molho de soja, o açúcar, o sal e a pimenta. Despeje a água e o gengibre, a cebola e as castanhas. Deixe ferver, tampe e cozinhe por 20 minutos. Retire a tampa e continue cozinhando até o molho reduzir.

frango dourado

Para 4 pessoas

8 pequenos pedaços de frango
300 ml/½ pt/1 ¼ xícara de caldo de galinha
45 ml/3 colheres de sopa de molho de soja
15 ml/1 colher de sopa de vinho de arroz ou xerez seco
5 ml/1 colher de chá de açúcar
1 raiz de gengibre fatiada e picada

Coloque todos os ingredientes em uma panela grande, deixe ferver, tampe e cozinhe por cerca de 30 minutos até que o frango esteja cozido. Retire a tampa e continue cozinhando até o molho reduzir.

Ensopado de Frango Dourado Marinado

Para 4 pessoas

4 pedaços de frango
300 ml/½ pt/1¼ xícara de molho de soja
óleo para fritar
4 cebolinhas (cebolinhas), em fatias grossas
1 fatia de raiz de gengibre picada
2 pimentões vermelhos fatiados
3 dentes de anis estrelado
50g/2oz de brotos de bambu, fatiados
150 ml/1½ pt/generosa ½ xícara de caldo de galinha
30 ml/2 colheres de sopa de farinha de milho (amido de milho)
60 ml/4 colheres de sopa de água
5 ml/1 colher de chá de óleo de gergelim

Corte o frango em pedaços grandes e deixe marinar no molho de soja por 10 minutos. Retire e escorra, reservando o molho de soja. Aqueça o óleo e frite o frango por cerca de 2 minutos até dourar levemente. Retire e escorra. Despeje tudo, exceto 30ml / 2 colheres de sopa de óleo, em seguida, adicione a cebolinha, o gengibre, a pimenta e o anis estrelado e frite por 1 minuto. Retorne o frango para a panela com os brotos de bambu e o molho de soja reservado e adicione caldo suficiente para cobrir o frango. Deixe ferver e cozinhe por cerca de 10 minutos até que o frango esteja macio. Retire o frango do molho com uma escumadeira e coloque em um prato quente. Coe o molho e coloque-o novamente na panela. Misture a farinha de milho e a água até formar uma pasta, junte ao molho e cozinhe em fogo baixo, mexendo até o molho engrossar.

moedas de ouro

Para 4 pessoas

4 filés de peito de frango
30 ml/2 colheres de sopa de mel
30 ml/2 colheres de sopa de vinagre de vinho
30 ml/2 colheres de sopa de molho de tomate (ketchup)
30 ml/2 colheres de sopa de molho de soja
pitada de sal
2 dentes de alho esmagados
5 ml/1 colher de chá de cinco especiarias em pó
45 ml/3 colheres de sopa de farinha simples (multiuso)
2 ovos batidos
5 ml/1 colher de chá de raiz de gengibre ralada
5 ml/1 colher de chá de casca de limão ralada
100g/4oz/1 xícara de pão ralado seco
óleo para fritar

Coloque o frango em uma tigela. Misture mel, vinagre de vinho, ketchup, molho de soja, sal, alho e cinco especiarias em pó. Despeje sobre o frango, mexa bem, tampe e deixe marinar na geladeira por 12 horas.

Retire o frango da marinada e corte em tiras da espessura de um dedo. Polvilhe com farinha. Bata os ovos, o gengibre e as raspas de limão. Cubra o frango com a mistura e depois com a farinha de rosca até revestir uniformemente. Aqueça o azeite e frite o frango até dourar.

Frango Cozido no Vapor com Presunto

Para 4 pessoas

4 porções de frango
100g/4 onças de presunto defumado picado
3 cebolinhas (cebolinha), picadas
15 ml/1 colher de sopa de óleo de amendoim
sal e pimenta moída na hora
15 ml/1 colher de sopa de salsa de folhas planas

Pique as porções de frango em pedaços de 5cm e coloque em um recipiente próprio para ir ao forno junto com o presunto e a cebolinha. Regue com azeite e tempere com sal e pimenta e misture delicadamente os ingredientes. Coloque a tigela sobre uma gradinha em uma panela a vapor, tampe e cozinhe em água fervente por cerca de 40 minutos até que o frango esteja macio. Sirva decorado com salsa.

Frango com Molho Hoisin

Para 4 pessoas

4 porções de frango cortadas ao meio
50 g/2 onças/½ xícara de farinha de milho (amido de milho)
óleo para fritar
10 ml/2 colheres de chá de raiz de gengibre ralada
2 cebolas picadas
225g/8 onças de florzinhas de brócolis
1 pimentão vermelho picado
225g/8 onças de cogumelos
250 ml/8 fl oz/1 xícara de caldo de galinha
45 ml/3 colheres de sopa de vinho de arroz ou xerez seco
45 ml/3 colheres de sopa de vinagre de cidra
45 ml/3 colheres de sopa de molho hoisin
20 ml/4 colheres de chá de molho de soja

Cubra os pedaços de frango com metade do fubá. Aqueça o óleo e frite os pedaços de frango, aos poucos, por cerca de 8 minutos, até dourar e estar cozido. Retire da panela e escorra em papel de cozinha. Retire da panela todo o óleo, exceto 30ml/2 colheres de sopa, e refogue o gengibre por 1 minuto. Adicione as cebolas e refogue por 1 minuto. Adicione o brócolis, o pimentão e os cogumelos e refogue por 2 minutos. Combine o caldo com a farinha de milho reservada e os ingredientes restantes e coloque na frigideira. Deixe ferver, mexendo e cozinhe até o molho clarear. Retorne o frango à wok e cozinhe, mexendo, por cerca de 3 minutos até ficar bem aquecido.

Frango com mel

Para 4 pessoas

30 ml/2 colheres de sopa de óleo de amendoim (amendoim)
4 pedaços de frango
30 ml/2 colheres de sopa de molho de soja
120 ml/4 fl oz/½ xícara de vinho de arroz ou xerez seco
30 ml/2 colheres de sopa de mel
5 ml/1 colher de chá de sal
1 cebolinha (cebolinha) picada
1 fatia de raiz de gengibre, picada finamente

Aqueça o azeite e frite o frango até dourar por todos os lados. Drene o excesso de óleo. Misture os ingredientes restantes e despeje-os na panela. Deixe ferver, tampe e cozinhe por cerca de 40 minutos até que o frango esteja cozido.

Frango Kung Pao

Para 4 pessoas

450 g/1 libra de frango em cubos

1 clara de ovo

5 ml/1 colher de chá de sal

30 ml/2 colheres de sopa de farinha de milho (amido de milho)

60 ml/4 colheres de sopa de óleo de amendoim

25g/1oz de pimenta vermelha seca, picada

5 ml/1 colher de chá de alho picado

15 ml/1 colher de sopa de molho de soja

15 ml/1 colher de sopa de vinho de arroz ou xerez seco 5 ml/1 colher de chá de açúcar

5 ml/1 colher de chá de vinagre de vinho

5 ml/1 colher de chá de óleo de gergelim

30 ml/2 colheres de sopa de água

Coloque o frango numa tigela com a clara de ovo, o sal e metade do amido de milho e deixe marinar por 30 minutos. Aqueça o óleo e frite o frango até dourar levemente e retire da frigideira. Reaqueça o azeite e frite a pimenta e o alho por 2 minutos. Retorne o frango à panela com o molho de soja, o vinho ou xerez, o açúcar, o vinagre de vinho e o óleo de gergelim e refogue por 2 minutos. Misture o restante do fubá com a água, mexa na panela e leve ao fogo baixo, mexendo, até o molho ficar claro e espesso.

Frango com Alho-poró

Para 4 pessoas

30 ml/2 colheres de sopa de óleo de amendoim (amendoim)
5 ml/1 colher de chá de sal
225g/8 onças de alho-poró fatiado
1 fatia de raiz de gengibre picada
225g de frango em fatias finas
15 ml/1 colher de sopa de vinho de arroz ou xerez seco
15 ml/1 colher de sopa de molho de soja

Aqueça metade do azeite e frite o sal e o alho-poró até dourar levemente e retire da frigideira. Aqueça o óleo restante e frite o gengibre e o frango até dourar levemente. Adicione o vinho ou xerez e o molho de soja e frite por mais 2 minutos até que o frango esteja cozido. Retorne o alho-poró para a panela e mexa até aquecer. Sirva imediatamente.

Frango com limão

Para 4 pessoas

4 peitos de frango desossados

2 ovos

50 g/2 onças/½ xícara de farinha de milho (amido de milho)

50g/2oz/½ xícara de farinha simples (para todos os fins)

150 ml/¼ pt/½ xícara generosa de água

óleo de amendoim (amendoim) para fritar

250 ml/8 fl oz/1 xícara de caldo de galinha

60 ml/5 colheres de sopa de suco de limão

30 ml/2 colheres de sopa de vinho de arroz ou xerez seco

30 ml/2 colheres de sopa de farinha de milho (amido de milho)

30 ml/2 colheres de sopa de purê de tomate (pasta)

1 cabeça de alface

Corte cada peito de frango em 4 pedaços. Bata os ovos, o fubá e a farinha simples, acrescentando água suficiente para fazer uma massa grossa. Coloque os pedaços de frango na massa e mexa até revestir completamente. Aqueça o óleo e frite o frango até dourar e ficar cozido.

Enquanto isso, misture o caldo, o suco de limão, o vinho ou xerez, a farinha de milho e o purê de tomate e aqueça delicadamente, mexendo, até ferver. Cozinhe em fogo baixo, mexendo sempre, até o molho engrossar e clarear. Coloque o frango em uma travessa quente sobre uma cama de folhas de alface e regue com o molho ou sirva separadamente.

Frango Frito com Limão

Para 4 pessoas

450g/1lb de frango desossado, fatiado
30 ml/2 colheres de sopa de suco de limão
15 ml/1 colher de sopa de molho de soja
15 ml/1 colher de sopa de vinho de arroz ou xerez seco
30 ml/2 colheres de sopa de farinha de milho (amido de milho)
30 ml/2 colheres de sopa de óleo de amendoim (amendoim)
2,5 ml/½ colher de chá de sal
2 dentes de alho esmagados
50g/2oz de castanhas d'água, cortadas em tiras
50g/2oz de brotos de bambu, cortados em tiras
algumas folhas chinesas, cortadas em tiras
60 ml/4 colheres de sopa de caldo de galinha
15 ml/1 colher de sopa de purê de tomate (pasta)
15 ml/1 colher de sopa de açúcar
15 ml/1 colher de sopa de suco de limão

Coloque o frango em uma tigela. Misture o suco de limão, o molho de soja, o vinho ou xerez e 15ml/1 colher de sopa de fubá, regue com o frango e deixe marinar por 1 hora, virando de vez em quando.

Aqueça o azeite, o sal e o alho até dourar levemente, depois acrescente o frango e a marinada e refogue por cerca de 5 minutos até que o frango doure levemente. Adicione as castanhas-d'água, os brotos de bambu e as folhas chinesas e frite por mais 3 minutos ou até que o frango esteja cozido. Adicione os ingredientes restantes e refogue por cerca de 3 minutos até o molho clarear e engrossar.

Fígado de Frango com Broto de Bambu

Para 4 pessoas

225g/8 onças de fígado de frango, em fatias grossas
45 ml/3 colheres de sopa de vinho de arroz ou xerez seco
45 ml/3 colheres de sopa de óleo de amendoim
15 ml/1 colher de sopa de molho de soja
100g/4oz de brotos de bambu, fatiados
100g/4 onças de castanhas d'água, fatiadas
60 ml/4 colheres de sopa de caldo de galinha
sal e pimenta moída na hora

Misture os fígados de frango com o vinho ou o xerez e deixe descansar por 30 minutos. Aqueça o óleo e frite os fígados de frango até dourar levemente. Adicione a marinada, o molho de soja, o broto de bambu, as castanhas-d'água e o caldo. Deixe ferver e tempere com sal e pimenta. Cubra e cozinhe por cerca de 10 minutos até ficar macio.

Fígados de frango frito

Para 4 pessoas

450 g/1 lb de fígado de galinha, cortado ao meio
50 g/2 onças/½ xícara de farinha de milho (amido de milho)
óleo para fritar

Seque os fígados de frango e polvilhe-os com fubá, sacudindo o excesso. Aqueça o óleo e frite os fígados de frango por alguns minutos até dourar e ficar cozido. Escorra em papel de cozinha antes de servir.

Fígados de Frango com Mangetout

Para 4 pessoas

225g/8 onças de fígado de frango, em fatias grossas
10 ml/2 colheres de chá de farinha de milho (amido de milho)
10 ml/2 colheres de chá de vinho de arroz ou xerez seco
15 ml/1 colher de sopa de molho de soja
45 ml/3 colheres de sopa de óleo de amendoim
2,5 ml/½ colher de chá de sal
2 fatias de raiz de gengibre picada
100 g/4 onças de ervilhas
10 ml/2 colheres de chá de farinha de milho (amido de milho)
60 ml/4 colheres de sopa de água

Coloque os fígados de frango em uma tigela. Adicione a farinha de milho, o vinho ou xerez e o molho de soja e misture bem para revestir. Aqueça metade do azeite e frite o sal e o gengibre até dourar levemente. Adicione as ervilhas e refogue até ficar bem revestido com óleo, depois retire da panela. Aqueça o óleo restante e frite os fígados de frango por 5 minutos até ficarem cozidos. Misture a farinha de milho e a água até formar uma pasta, mexa na panela e cozinhe em fogo baixo, mexendo até o molho clarear e engrossar. Retorne as ervilhas para a panela e cozinhe até aquecer.

Fígado de Frango com Panqueca de Macarrão

Para 4 pessoas

30 ml/2 colheres de sopa de óleo de amendoim (amendoim)
1 cebola fatiada
450 g/1 lb de fígado de galinha, cortado ao meio
2 talos de aipo fatiados
120 ml/4 fl oz/½ xícara de caldo de galinha
15 ml/1 colher de sopa de farinha de milho (amido de milho)
15 ml/1 colher de sopa de molho de soja
30 ml/2 colheres de sopa de água
panqueca de macarrão

Aqueça o azeite e frite a cebola até amolecer. Adicione os fígados de frango e refogue até ficarem coloridos. Adicione o aipo e refogue por 1 minuto. Adicione o caldo, deixe ferver, tampe e cozinhe por 5 minutos. Misture a farinha de milho, o molho de soja e a água até formar uma pasta, mexa na panela e cozinhe em fogo baixo, mexendo, até o molho clarear e engrossar. Despeje a mistura sobre a panqueca de macarrão e sirva.

Fígados de Frango com Molho de Ostra

Para 4 pessoas

45 ml/3 colheres de sopa de óleo de amendoim
1 cebola picada
225g/8oz de fígado de galinha, cortado ao meio
100g/4 onças de cogumelos, fatiados
30 ml/2 colheres de sopa de molho de ostra
15 ml/1 colher de sopa de molho de soja
15 ml/1 colher de sopa de vinho de arroz ou xerez seco
120 ml/4 fl oz/½ xícara de caldo de galinha
5 ml/1 colher de chá de açúcar
15 ml/1 colher de sopa de farinha de milho (amido de milho)
45 ml/3 colheres de sopa de água

Aqueça metade do azeite e frite a cebola até amolecer. Adicione os fígados de frango e frite até dourar. Adicione os cogumelos e frite por 2 minutos. Misture o molho de ostra, o molho de soja, o vinho ou xerez, o caldo e o açúcar, despeje na panela e leve para ferver, mexendo. Misture a farinha de milho e a água até formar uma pasta, coloque na panela e cozinhe em fogo baixo, mexendo até o molho clarear e engrossar e os fígados ficarem macios.

Fígado de Frango com Abacaxi

Para 4 pessoas

225g/8oz de fígado de galinha, cortado ao meio
45 ml/3 colheres de sopa de óleo de amendoim
30 ml/2 colheres de sopa de molho de soja
15 ml/1 colher de sopa de farinha de milho (amido de milho)
15 ml/1 colher de sopa de açúcar
15 ml/1 colher de sopa de vinagre de vinho
sal e pimenta moída na hora
100g/4 onças de pedaços de abacaxi
60 ml/4 colheres de sopa de caldo de galinha

Escalde os fígados de frango em água fervente por 30 segundos e depois escorra. Aqueça o azeite e refogue os fígados de frango por 30 segundos. Misture o molho de soja, a farinha de milho, o açúcar, o vinagre de vinho, o sal e a pimenta, despeje na panela e mexa bem para cobrir os fígados de frango. Adicione os pedaços de abacaxi e o caldo e refogue por cerca de 3 minutos até que os fígados estejam cozidos.

Fígados de frango agridoce

Para 4 pessoas

30 ml/2 colheres de sopa de óleo de amendoim (amendoim)
450 g/1 lb de fígado de galinha, dividido em quatro
2 pimentões verdes cortados em pedaços
4 fatias de abacaxi em lata, cortadas em pedaços
60 ml/4 colheres de sopa de caldo de galinha
30 ml/2 colheres de sopa de farinha de milho (amido de milho)
10 ml/2 colheres de chá de molho de soja
100 g/4 onças/½ xícara de açúcar
120 ml/4 fl oz/½ xícara de vinagre de vinho
120 ml/4 fl oz/½ xícara de água

Aqueça o óleo e frite os fígados até dourar levemente e depois transfira para uma travessa quente. Adicione os pimentões à frigideira e frite por 3 minutos. Adicione o abacaxi e o caldo, deixe ferver, tampe e cozinhe por 15 minutos. Misture os ingredientes restantes até formar uma pasta, mexa na panela e cozinhe em fogo baixo, mexendo até o molho engrossar. Despeje sobre os fígados de frango e sirva.

frango com lichia

Para 4 pessoas

3 peitos de frango

60 ml/4 colheres de sopa de farinha de milho (amido de milho)

45 ml/3 colheres de sopa de óleo de amendoim

5 cebolinhas (cebolinhas), fatiadas

1 pimentão vermelho cortado em pedaços

120 ml/4 fl oz/½ xícara de molho de tomate

120 ml/4 fl oz/½ xícara de caldo de galinha

5 ml/1 colher de chá de açúcar

275g/10oz de lichias descascadas

Corte os peitos de frango ao meio e retire e descarte os ossos e a pele. Corte cada peito em 6. Reserve 5ml/1 colher de chá de farinha de milho e misture o frango com o restante até ficar bem revestido. Aqueça o azeite e refogue o frango por cerca de 8 minutos até dourar. Adicione a cebolinha e a pimenta e refogue por 1 minuto. Misture o molho de tomate, metade do caldo e o açúcar e misture na wok com as lichias. Deixe ferver, tampe e cozinhe por cerca de 10 minutos até que o frango esteja cozido.

Misture o fubá reservado e o caldo e mexa na frigideira. Cozinhe em fogo baixo, mexendo, até o molho clarear e engrossar.

Frango com Molho de Lichia

Para 4 pessoas

225g/8 onças de frango
1 cebolinha (cebolinha)
4 castanhas d'água
30 ml/2 colheres de sopa de farinha de milho (amido de milho)
45 ml/3 colheres de sopa de molho de soja
30 ml/2 colheres de sopa de vinho de arroz ou xerez seco
2 claras de ovo
óleo para fritar
400g/14 onças de lichias enlatadas em calda
5 colheres de sopa de caldo de galinha

Pique (moa) o frango com a cebolinha e as castanhas-d'água. Misture metade da farinha de milho, 30 ml/2 colheres de sopa de molho de soja, o vinho ou xerez e as claras. Forme bolas do tamanho de nozes com a mistura. Aqueça o azeite e frite o frango até dourar. Escorra em papel toalha.

Enquanto isso, aqueça suavemente a calda de lichia com o caldo e o molho de soja reservado. Misture o restante da farinha de milho com um pouco de água, mexa na panela e leve ao fogo baixo, mexendo sempre, até o molho clarear e engrossar. Adicione as lichias e cozinhe para aquecer. Coloque o frango em um prato quente, regue com as lichias e o molho e sirva imediatamente.

frango com ervilhas

Para 4 pessoas

225g de frango em fatias finas
5 ml/1 colher de chá de farinha de milho (amido de milho)
5 ml/1 colher de chá de vinho de arroz ou xerez seco
5 ml/1 colher de chá de óleo de gergelim
1 clara de ovo levemente batida
45 ml/3 colheres de sopa de óleo de amendoim
1 dente de alho esmagado
1 fatia de raiz de gengibre picada
100 g/4 onças de ervilhas
120 ml/4 fl oz/½ xícara de caldo de galinha
sal e pimenta moída na hora

Misture o frango com a farinha de milho, o vinho ou xerez, o óleo de gergelim e a clara de ovo. Aqueça metade do azeite e frite o alho e o gengibre até dourar levemente. Adicione o frango e frite até dourar, depois retire da frigideira. Aqueça o óleo restante e frite as ervilhas por 2 minutos. Adicione o caldo, deixe ferver, tampe e cozinhe por 2 minutos. Volte o frango para a panela e tempere com sal e pimenta. Cozinhe em fogo baixo até ficar bem aquecido.

frango com manga

Para 4 pessoas

100g/4oz/1 xícara de farinha simples (para todos os fins)
250 ml/8 fl oz/1 xícara de água
2,5 ml/½ colher de chá de sal
pitada de fermento em pó
3 peitos de frango
óleo para fritar
1 fatia de raiz de gengibre picada
150 ml/¼ pt/½ xícara generosa de caldo de galinha
45 ml/3 colheres de sopa de vinagre de vinho
45 ml/3 colheres de sopa de vinho de arroz ou xerez seco
20 ml/4 colheres de chá de molho de soja
10 ml/2 colheres de chá de açúcar
10 ml/2 colheres de chá de farinha de milho (amido de milho)
5 ml/1 colher de chá de óleo de gergelim
5 cebolinhas (cebolinhas), fatiadas
400g de manga enlatada, escorrida e cortada em tiras

Misture a farinha, a água, o sal e o fermento. Deixe descansar por 15 minutos. Remova e descarte a pele e os ossos do frango. Corte o frango em tiras finas. Misture-os na mistura de farinha. Aqueça o óleo e frite o frango por cerca de 5 minutos até dourar. Retire da panela e escorra em papel de cozinha. Remova todo o óleo da wok, exceto 15ml/1 colher de sopa, e refogue o gengibre até dourar levemente. Misture o caldo com vinagre de vinho, vinho ou xerez, molho de soja, açúcar, farinha de milho e óleo de gergelim. Adicione à panela e leve para ferver, mexendo. Adicione a cebolinha e cozinhe por 3 minutos. Adicione o frango e as mangas e cozinhe, mexendo, por 2 minutos.

Melão Recheado De Frango

Para 4 pessoas
350 g/12 onças de carne de frango
6 castanhas d'água
2 vieiras sem casca
4 fatias de raiz de gengibre
5 ml/1 colher de chá de sal
15 ml/1 colher de sopa de molho de soja
600 ml/1 pt/2½ xícaras de caldo de galinha
8 melões melões pequenos ou 4 médios

Pique finamente o frango, as castanhas, as vieiras e o gengibre e misture com o sal, o molho de soja e o caldo. Corte as pontas dos melões e retire as sementes. Vi as bordas superiores. Recheie os melões com a mistura de frango e coloque-os em uma gradinha no vaporizador. Cozinhe em água fervente por 40 minutos até que o frango esteja cozido.

Frango e cogumelos salteados

Para 4 pessoas

45 ml/3 colheres de sopa de óleo de amendoim
1 dente de alho esmagado
1 cebolinha (cebolinha) picada
1 fatia de raiz de gengibre picada
225g de peito de frango cortado em tiras
225g/8 onças de cogumelos
45 ml/3 colheres de sopa de molho de soja
15 ml/1 colher de sopa de vinho de arroz ou xerez seco
5 ml/1 colher de chá de farinha de milho (amido de milho)

Aqueça o azeite e frite o alho, a cebolinha e o gengibre até dourar levemente. Adicione o frango e refogue por 5 minutos. Adicione os cogumelos e refogue por 3 minutos. Adicione o molho de soja, o vinho ou xerez e a farinha de milho e refogue por cerca de 5 minutos até que o frango esteja cozido.

Frango com Cogumelos e Amendoim

Para 4 pessoas

30 ml/2 colheres de sopa de óleo de amendoim (amendoim)
2 dentes de alho esmagados
1 fatia de raiz de gengibre picada
450g/1lb de frango desossado, em cubos
225g/8 onças de cogumelos
100g/4oz de brotos de bambu, cortados em tiras
1 pimentão verde em cubos
1 pimenta vermelha em cubos
250 ml/8 fl oz/1 xícara de caldo de galinha
30 ml/2 colheres de sopa de vinho de arroz ou xerez seco
15 ml/1 colher de sopa de molho de soja
15 ml/1 colher de sopa de molho Tabasco
30 ml/2 colheres de sopa de farinha de milho (amido de milho)
30 ml/2 colheres de sopa de água

Aqueça o azeite, o alho e o gengibre até que o alho fique levemente dourado. Adicione o frango e refogue até dourar levemente. Adicione os cogumelos, os brotos de bambu e os pimentões e frite por 3 minutos. Adicione o caldo, o vinho ou xerez, o molho de soja e o molho Tabasco e leve para ferver, mexendo. Tampe e cozinhe por cerca de 10 minutos até que o frango esteja cozido. Misture a farinha de milho e a água e misture ao molho. Cozinhe, mexendo, até o molho clarear e engrossar, acrescentando um pouco mais de caldo ou água se o molho estiver muito grosso.

Frango salteado com cogumelos

Para 4 pessoas

6 cogumelos chineses secos
1 peito de frango em fatias finas
1 fatia de raiz de gengibre picada
2 cebolinhas (cebolinha), picadas
15 ml/1 colher de sopa de farinha de milho (amido de milho)
15 ml/1 colher de sopa de vinho de arroz ou xerez seco
30 ml/2 colheres de sopa de água
2,5 ml/½ colher de chá de sal
45 ml/3 colheres de sopa de óleo de amendoim
225g/8oz de cogumelos, fatiados
100g/4 onças de broto de feijão
15 ml/1 colher de sopa de molho de soja
5 ml/1 colher de chá de açúcar
120 ml/4 fl oz/½ xícara de caldo de galinha

Mergulhe os cogumelos em água morna por 30 minutos e depois escorra. Descarte os caules e corte as pontas. Coloque o frango em uma tigela. Misture o gengibre, a cebolinha, a farinha de milho, o vinho ou xerez, a água e o sal, acrescente ao frango e deixe descansar por 1 hora. Aqueça metade do azeite e refogue o frango até dourar levemente e retire da panela. Aqueça o restante azeite e frite os cogumelos secos e frescos e os rebentos de feijão durante 3 minutos. Adicione o molho de soja, o açúcar e o caldo, deixe ferver, tampe e cozinhe por 4 minutos até os legumes ficarem macios. Retorne o frango à panela, mexa bem e reaqueça delicadamente antes de servir.

Frango cozido no vapor com cogumelos

Para 4 pessoas

4 pedaços de frango
30 ml/2 colheres de sopa de farinha de milho (amido de milho)
30 ml/2 colheres de sopa de molho de soja
3 cebolinhas (cebolinha), picadas
2 fatias de raiz de gengibre picada
2,5 ml/½ colher de chá de sal
100g/4 onças de cogumelos, fatiados

Corte os pedaços de frango em pedaços de 5 cm/2 e coloque-os num recipiente próprio para ir ao forno. Misture a farinha de milho e o molho de soja até formar uma pasta, acrescente a cebolinha, o gengibre e o sal e misture bem com o frango. Adicione delicadamente os cogumelos. Coloque a tigela sobre uma gradinha em uma panela a vapor, tampe e cozinhe em água fervente por cerca de 35 minutos até que o frango esteja macio.

Frango com cebola

Para 4 pessoas

60 ml/4 colheres de sopa de óleo de amendoim
2 cebolas picadas
450g/1lb de frango fatiado
30 ml/2 colheres de sopa de vinho de arroz ou xerez seco
250 ml/8 fl oz/1 xícara de caldo de galinha
45 ml/3 colheres de sopa de molho de soja
30 ml/2 colheres de sopa de farinha de milho (amido de milho)
45 ml/3 colheres de sopa de água

Aqueça o azeite e frite a cebola até dourar levemente. Adicione o frango e frite até dourar levemente. Adicione o vinho ou xerez, o caldo e o molho de soja, deixe ferver, tampe e cozinhe por 25 minutos até o frango ficar macio. Misture a farinha de milho e a água até formar uma pasta, mexa na panela e cozinhe em fogo baixo, mexendo até o molho clarear e engrossar.

Frango com Laranja e Limão

Para 4 pessoas

350 g/1 lb de carne de frango, cortada em tiras
30 ml/2 colheres de sopa de óleo de amendoim (amendoim)
2 dentes de alho esmagados
2 fatias de raiz de gengibre picada
casca ralada de ½ laranja
raspas de ½ limão
45 ml/3 colheres de sopa de suco de laranja
45 ml/3 colheres de sopa de suco de limão
15 ml/1 colher de sopa de molho de soja
3 cebolinhas (cebolinha), picadas
15 ml/1 colher de sopa de farinha de milho (amido de milho)
45 ml/1 colher de sopa de água

Escalde o frango em água fervente por 30 segundos e depois escorra. Aqueça o azeite e refogue o alho e o gengibre por 30 segundos. Adicione as raspas e o suco de laranja e limão, o molho de soja e a cebolinha e refogue por 2 minutos. Adicione o frango e cozinhe por alguns minutos até que o frango esteja macio. Misture a farinha de milho e a água até formar uma pasta, mexa na panela e cozinhe em fogo baixo, mexendo até o molho engrossar.

Frango com Molho de Ostra

Para 4 pessoas

30 ml/2 colheres de sopa de óleo de amendoim (amendoim)
1 dente de alho esmagado
1 fatia de gengibre picado
450g/1lb de frango fatiado
250 ml/8 fl oz/1 xícara de caldo de galinha
30 ml/2 colheres de sopa de molho de ostra
15 ml/1 colher de sopa de vinho de arroz ou xerez
5 ml/1 colher de chá de açúcar

Aqueça o azeite com o alho e o gengibre e frite até dourar levemente. Adicione o frango e refogue por cerca de 3 minutos até dourar levemente. Adicione o caldo, o molho de ostra, o vinho ou xerez e o açúcar, leve para ferver, mexendo, tampe e cozinhe por cerca de 15 minutos, mexendo de vez em quando, até que o frango esteja cozido. Retire a tampa e continue cozinhando, mexendo, por cerca de 4 minutos, até o molho reduzir e engrossar.

pacotes de frango

Para 4 pessoas

225g/8 onças de frango
30 ml/2 colheres de sopa de vinho de arroz ou xerez seco
30 ml/2 colheres de sopa de molho de soja
papel manteiga ou papel manteiga
30 ml/2 colheres de sopa de óleo de amendoim (amendoim)
óleo para fritar

Corte o frango em cubos de 5cm/2. Misture o vinho ou xerez e o molho de soja, regue com o frango e mexa bem. Cubra e deixe descansar por 1 hora, mexendo ocasionalmente. Corte o papel em quadrados de 10 cm/4 e pincele com óleo. Escorra bem o frango. Coloque uma folha de papel na superfície de trabalho com um canto voltado para você. Coloque um pedaço de frango no quadrado logo abaixo do centro, dobre o canto inferior e dobre novamente para envolver o frango. Dobre as laterais e depois dobre o canto superior para prender a embalagem. Aqueça o óleo e frite os pacotes de frango por cerca de 5 minutos até ficarem cozidos. Sirva quente nos pacotes para que os convidados possam abri-los sozinhos.

Frango com Amendoim

Para 4 pessoas

225g de frango em fatias finas
1 clara de ovo levemente batida
10 ml/2 colheres de chá de farinha de milho (amido de milho)
45 ml/3 colheres de sopa de óleo de amendoim
1 dente de alho esmagado
1 fatia de raiz de gengibre picada
2 alhos-porós picados
30 ml/2 colheres de sopa de molho de soja
15 ml/1 colher de sopa de vinho de arroz ou xerez seco
100g/4 onças de amendoim torrado

Misture o frango com a clara de ovo e a farinha de milho até ficar bem revestido. Aqueça metade do azeite e refogue o frango até dourar e retire da frigideira. Aqueça o azeite restante e frite o alho e o gengibre até ficarem macios. Adicione o alho-poró e frite até dourar levemente. Adicione o molho de soja e o vinho ou xerez e cozinhe por 3 minutos. Retorne o frango para a panela com o amendoim e cozinhe até aquecer bem.

Frango com Manteiga de Amendoim

Para 4 pessoas

4 peitos de frango em cubos
sal e pimenta moída na hora
5 ml/1 colher de chá de cinco especiarias em pó
45 ml/3 colheres de sopa de óleo de amendoim
1 cebola picada
2 cenouras em cubos
1 talo de aipo cortado em cubos
300 ml/½ pt/1¼ xícara de caldo de galinha
10 ml/2 colheres de chá de purê de tomate (pasta)
100g/4 onças de manteiga de amendoim
15 ml/1 colher de sopa de molho de soja
10 ml/2 colheres de chá de farinha de milho (amido de milho)
pitada de açúcar mascavo
15 ml/1 colher de sopa de cebolinha picada

Tempere o frango com sal, pimenta e cinco especiarias em pó. Aqueça o azeite e refogue o frango até ficar macio. Retire da panela. Adicione os legumes e frite até ficarem macios, mas ainda crocantes. Misture o caldo com o restante dos ingredientes menos a cebolinha, mexa na panela e leve para ferver. Retorne o frango à panela e reaqueça, mexendo. Sirva polvilhado com açúcar.

frango com ervilhas

Para 4 pessoas
60 ml/4 colheres de sopa de óleo de amendoim
1 cebola picada
450g/1lb de frango em cubos
sal e pimenta moída na hora
100g/4 onças de ervilhas
2 talos de aipo picado
100g/4 onças de cogumelos picados
250 ml/8 fl oz/1 xícara de caldo de galinha
15 ml/1 colher de sopa de farinha de milho (amido de milho)
15 ml/1 colher de sopa de molho de soja
60 ml/4 colheres de sopa de água

Aqueça o azeite e frite a cebola até dourar levemente. Adicione o frango e frite até dourar. Tempere com sal e pimenta e junte as ervilhas, o aipo e os cogumelos e mexa bem. Adicione o caldo, deixe ferver, tampe e cozinhe por 15 minutos. Misture a farinha de milho, o molho de soja e a água até formar uma pasta, mexa na panela e cozinhe em fogo baixo, mexendo, até o molho clarear e engrossar.

frango pequinês

Para 4 pessoas

4 porções de frango
sal e pimenta moída na hora
5 ml/1 colher de chá de açúcar
1 cebolinha (cebolinha) picada
1 fatia de raiz de gengibre picada
15 ml/1 colher de sopa de molho de soja
15 ml/1 colher de sopa de vinho de arroz ou xerez seco
15 ml/1 colher de sopa de farinha de milho (amido de milho)
óleo para fritar

Coloque as porções de frango em uma tigela rasa e polvilhe com sal e pimenta. Misture o açúcar, a cebolinha, o gengibre, o molho de soja e o vinho ou xerez, esfregue o frango, tampe e deixe marinar por 3 horas. Escorra o frango e polvilhe com fubá. Aqueça o óleo e frite o frango até dourar e ficar cozido. Escorra bem antes de servir.

frango com pimentão

Para 4 pessoas

60 ml/4 colheres de sopa de molho de soja

45 ml/3 colheres de sopa de vinho de arroz ou xerez seco

45 ml/3 colheres de sopa de farinha de milho (amido de milho)

450 g/1 libra de frango picado (moído)

60 ml/4 colheres de sopa de óleo de amendoim

2,5 ml/½ colher de chá de sal

2 dentes de alho esmagados

2 pimentões vermelhos em cubos

1 pimentão verde em cubos

5 ml/1 colher de chá de açúcar

300 ml/½ pt/1¼ xícara de caldo de galinha

Misture metade do molho de soja, metade do vinho ou xerez e metade do fubá. Despeje sobre o frango, mexa bem e deixe marinar por pelo menos 1 hora. Aqueça metade do azeite com o sal e o alho até que o alho fique levemente dourado. Adicione o frango e a marinada e refogue por cerca de 4 minutos até o frango ficar branco e retire da panela. Adicione o óleo restante na panela e refogue os pimentões por 2 minutos. Adicione o açúcar à panela com o restante do molho de soja, o vinho ou xerez e a farinha de milho e misture bem. Adicione o caldo, deixe ferver e cozinhe, mexendo, até o molho engrossar. Retorne o frango à panela, tampe e cozinhe por 4 minutos até que o frango esteja cozido.

Frango salteado com pimentão

Para 4 pessoas

1 peito de frango em fatias finas
2 fatias de raiz de gengibre picada
2 cebolinhas (cebolinha), picadas
15 ml/1 colher de sopa de farinha de milho (amido de milho)
30 ml/2 colheres de sopa de vinho de arroz ou xerez seco
30 ml/2 colheres de sopa de água
2,5 ml/½ colher de chá de sal
45 ml/3 colheres de sopa de óleo de amendoim
100g/4 onças de castanhas d'água, fatiadas
1 pimentão vermelho cortado em tiras
1 pimentão verde cortado em tiras
1 pimentão amarelo cortado em tiras
30 ml/2 colheres de sopa de molho de soja
120 ml/4 fl oz/½ xícara de caldo de galinha

Coloque o frango em uma tigela. Misture o gengibre, a cebolinha, a farinha de milho, o vinho ou xerez, a água e o sal, acrescente ao frango e deixe descansar por 1 hora. Aqueça metade do azeite e refogue o frango até dourar levemente e retire da panela. Aqueça o azeite restante e frite as castanhas-d'água e os pimentões por 2 minutos. Adicione o molho de soja e o caldo, deixe ferver, tampe e cozinhe por 5 minutos até que os vegetais estejam macios. Retorne o frango à panela, mexa bem e reaqueça delicadamente antes de servir.

frango e abacaxi

Para 4 pessoas

30 ml/2 colheres de sopa de óleo de amendoim (amendoim)
5 ml/1 colher de chá de sal
2 dentes de alho esmagados
450g/1lb de frango desossado, em fatias finas
2 cebolas fatiadas
100g/4 onças de castanhas d'água, fatiadas
100g/4 onças de pedaços de abacaxi
30 ml/2 colheres de sopa de vinho de arroz ou xerez seco
450 ml/¾ pt/2 xícaras de caldo de galinha
5 ml/1 colher de chá de açúcar
pimenta moída na hora
30 ml/2 colheres de sopa de suco de abacaxi
30 ml/2 colheres de sopa de molho de soja
30 ml/2 colheres de sopa de farinha de milho (amido de milho)

Aqueça o azeite, o sal e o alho até que o alho fique levemente dourado. Adicione o frango e refogue por 2 minutos. Adicione a cebola, as castanhas-d'água e o abacaxi e refogue por 2 minutos.

Adicione o vinho ou xerez, o caldo e o açúcar e tempere com pimenta. Deixe ferver, tampe e cozinhe por 5 minutos. Misture o suco de abacaxi, o molho de soja e a farinha de milho. Mexa na panela e cozinhe em fogo baixo, mexendo até o molho engrossar e clarear.

Frango com Abacaxi e Lichia

Para 4 pessoas
30 ml/2 colheres de sopa de óleo de amendoim (amendoim)
225g de frango em fatias finas
1 fatia de raiz de gengibre picada
15 ml/1 colher de sopa de molho de soja
15 ml/1 colher de sopa de vinho de arroz ou xerez seco
200g/7oz de pedaços de abacaxi enlatados em calda
200g/7oz de lichias enlatadas em calda
15 ml/1 colher de sopa de farinha de milho (amido de milho)

Aqueça o óleo e frite o frango até ficar claro. Adicione o molho de soja e o vinho ou xerez e mexa bem. Meça 250 ml/8 fl oz/1 xícara de xarope misto de abacaxi e lichia e reserve 30 ml/2 colheres de sopa. Adicione o restante à panela, deixe ferver e cozinhe por alguns minutos até o frango ficar macio. Adicione os pedaços de abacaxi e as lichias. Misture a farinha de milho com a calda reservada, mexa na panela e leve ao fogo baixo, mexendo, até o molho clarear e engrossar.

Frango com Porco

Para 4 pessoas

1 peito de frango em fatias finas
100g/4 onças de carne de porco magra, em fatias finas
60 ml/4 colheres de sopa de molho de soja
15 ml/1 colher de sopa de farinha de milho (amido de milho)
1 clara de ovo
45 ml/3 colheres de sopa de óleo de amendoim
3 fatias de raiz de gengibre picada
50g/2oz de brotos de bambu, fatiados
225g/8oz de cogumelos, fatiados
225g/8oz de folhas chinesas esmagadas
120 ml/4 fl oz/½ xícara de caldo de galinha
30 ml/2 colheres de sopa de água

Misture frango e carne de porco. Misture o molho de soja, 5ml/1 colher de chá de farinha de milho e clara de ovo e misture ao frango e à carne de porco. Deixe descansar por 30 minutos. Aqueça metade do óleo e frite o frango e a carne de porco até dourar levemente e retire da frigideira. Aqueça o óleo restante e frite o gengibre, os brotos de bambu, os cogumelos e as folhas chinesas até ficarem bem revestidos de óleo. Adicione o caldo e ferva. Retorne a mistura de frango para a panela, tampe e cozinhe por cerca de 3 minutos até que as carnes estejam macias. Misture o restante da farinha de milho com a água até formar uma pasta, junte ao molho e cozinhe em fogo baixo, mexendo até o molho engrossar. Sirva imediatamente.

Frango Estufado com Batata

Para 4 pessoas

4 pedaços de frango
45 ml/3 colheres de sopa de óleo de amendoim
1 cebola fatiada
1 dente de alho esmagado
2 fatias de raiz de gengibre picada
450 ml/¾ pt/2 xícaras de água
45 ml/3 colheres de sopa de molho de soja
15 ml/1 colher de sopa de açúcar mascavo
2 batatas em cubos

Pique o frango em pedaços de 5cm/2. Aqueça o azeite e frite a cebola, o alho e o gengibre até dourar levemente. Adicione o frango e frite até dourar levemente. Adicione a água e o molho de soja e deixe ferver. Adicione o açúcar, tampe e cozinhe por cerca de 30 minutos. Adicione as batatas à panela, tampe e cozinhe por mais 10 minutos até que o frango esteja macio e as batatas cozidas.

Frango com cinco especiarias e batatas

Para 4 pessoas

45 ml/3 colheres de sopa de óleo de amendoim
450g/1lb de frango cortado em pedaços
sal
45 ml/3 colheres de sopa de pasta de feijão amarelo
45 ml/3 colheres de sopa de molho de soja
5 ml/1 colher de chá de açúcar
5 ml/1 colher de chá de cinco especiarias em pó
1 batata cortada em cubos
450 ml/¾ pt/2 xícaras de caldo de galinha

Aqueça o azeite e refogue o frango até dourar levemente. Polvilhe com sal, adicione a pasta de feijão, o molho de soja, o açúcar e as cinco especiarias em pó e frite por 1 minuto. Adicione a batata e mexa bem, depois acrescente o caldo, deixe ferver, tampe e cozinhe por cerca de 30 minutos até ficar macio.

Frango Cozido Vermelho

Para 4 pessoas

450g/1lb de frango fatiado
120 ml/4 fl oz/½ xícara de molho de soja
15 ml/1 colher de sopa de açúcar
2 fatias de raiz de gengibre, picadas finamente
90 ml/6 colheres de sopa de caldo de galinha
30 ml/2 colheres de sopa de vinho de arroz ou xerez seco
4 cebolinhas (cebolinhas), fatiadas

Coloque todos os ingredientes em uma panela e leve para ferver. Tampe e cozinhe por cerca de 15 minutos até que o frango esteja cozido. Retire a tampa e continue cozinhando por cerca de 5 minutos, mexendo de vez em quando, até o molho engrossar. Sirva polvilhado com cebolinha.

Almôndegas de frango

Para 4 pessoas

225g/8oz de carne de frango picada (moída)
3 castanhas d'água picadas
1 cebolinha (cebolinha) picada
1 fatia de raiz de gengibre picada
2 claras de ovo
5 ml/2 colheres de chá de sal
5 ml/1 colher de chá de pimenta moída na hora
120 ml/4 fl oz/½ xícara de óleo de amendoim
5 ml/1 colher de chá de presunto picado

Misture o frango, as castanhas, metade da cebolinha, o gengibre, as claras, o sal e a pimenta. Forme pequenas bolas e pressione até ficarem lisas. Aqueça o azeite e frite as almôndegas até dourar, virando uma vez. Sirva polvilhado com o restante cebolinho e presunto.

Frango Salgado

Para 4 pessoas

30 ml/2 colheres de sopa de óleo de amendoim (amendoim)
4 pedaços de frango
3 cebolinhas (cebolinha), picadas
2 dentes de alho esmagados
1 fatia de raiz de gengibre picada
120 ml/4 fl oz/½ xícara de molho de soja
30 ml/2 colheres de sopa de vinho de arroz ou xerez seco
30 ml/2 colheres de sopa de açúcar mascavo
5 ml/1 colher de chá de sal
375 ml/13 fl oz/1½ xícara de água
15 ml/1 colher de sopa de farinha de milho (amido de milho)

Aqueça o óleo e frite os pedaços de frango até dourar. Adicione a cebolinha, o alho e o gengibre e refogue por 2 minutos. Adicione o molho de soja, o vinho ou xerez, o açúcar e o sal e misture bem. Adicione água e deixe ferver, tampe e cozinhe por 40 minutos. Misture a farinha de milho com um pouco de água, misture ao molho e cozinhe em fogo baixo, mexendo sempre, até o molho clarear e engrossar.

Frango em óleo de gergelim

Para 4 pessoas

90 ml/6 colheres de sopa de óleo de amendoim
60 ml/4 colheres de sopa de óleo de gergelim
5 fatias de raiz de gengibre
4 pedaços de frango
600 ml/1 pt/2½ xícaras de vinho de arroz ou xerez seco
5 ml/1 colher de chá de açúcar
sal e pimenta moída na hora

Aqueça os óleos e frite o gengibre e o frango até dourar levemente. Adicione o vinho ou xerez e tempere com açúcar, sal e pimenta. Deixe ferver e cozinhe, destampado, até o frango ficar macio e o molho reduzir. Sirva em tigelas.

Frango com Xerez

Para 4 pessoas

30 ml/2 colheres de sopa de óleo de amendoim (amendoim)
4 pedaços de frango
120 ml/4 fl oz/½ xícara de molho de soja
500 ml/17 fl oz/2¼ xícaras de vinho de arroz ou xerez seco
30 ml/2 colheres de sopa de açúcar
5 ml/1 colher de chá de sal
2 dentes de alho esmagados
1 fatia de raiz de gengibre picada

Aqueça o azeite e frite o frango até dourar por todos os lados. Escorra o excesso de óleo e adicione todos os ingredientes restantes. Deixe ferver, tampe e cozinhe por 25 minutos em fogo bem alto. Reduza o fogo e cozinhe por mais 15 minutos até que o frango esteja cozido e o molho tenha reduzido.

Frango com molho de soja

Para 4 pessoas

350g/12 onças de frango em cubos
2 cebolinhas (cebolinha), picadas
3 fatias de raiz de gengibre picada
15 ml/1 colher de sopa de farinha de milho (amido de milho)
30 ml/2 colheres de sopa de vinho de arroz ou xerez seco
30 ml/2 colheres de sopa de água
45 ml/3 colheres de sopa de óleo de amendoim
60 ml/4 colheres de sopa de molho de soja espesso
5 ml/1 colher de chá de açúcar

Misture o frango, a cebolinha, o gengibre, o amido de milho, o vinho ou xerez e a água e deixe descansar por 30 minutos, mexendo de vez em quando. Aqueça o azeite e refogue o frango por cerca de 3 minutos até dourar levemente. Adicione o molho de soja e o açúcar e frite por cerca de 1 minuto até que o frango esteja cozido e macio.

Frango Assado Picante

Para 4 pessoas

150 ml/¼ pt/½ xícara generosa de molho de soja

2 dentes de alho esmagados

50 g/2 onças/¼ xícara de açúcar mascavo

1 cebola picada

30 ml/2 colheres de sopa de purê de tomate (pasta)

1 rodela de limão picada

1 fatia de raiz de gengibre picada

45 ml/3 colheres de sopa de vinho de arroz ou xerez seco

4 pedaços grandes de frango

Misture todos os ingredientes menos o frango. Coloque o frango na assadeira, regue com a mistura, tampe e deixe marinar durante a noite, regando de vez em quando. Asse o frango em forno pré-aquecido a 180°C/350°F/gás marca 4 por 40 minutos, virando e regando ocasionalmente. Retire a tampa, aumente a temperatura do forno para 200°C/400°F/gás marca 6 e continue cozinhando por mais 15 minutos até que o frango esteja cozido.

www.ingramcontent.com/pod-product-compliance
Lightning Source LLC
Chambersburg PA
CBHW071904110526
44591CB00011B/1548